Vendere con il marketing della paura

Come sfruttarlo in maniera etica per creare urgenza e stimolare gli acquisti, anche con l'aiuto dell'intelligenza artificiale

Emilio Bonura

Prefazione di Gian Luca Marino

Editing: Ivana Poletti
Coordinamento e correzione bozze: Chiara Olivucci
Impaginazione e disegni: Sophie Aiello
Immagine di copertina: Jamen Percy

Indice

Prefazione

Ho conosciuto Emilio a Torino in un ormai lontano ottobre del 2014, curavamo entrambi alcuni progetti online in questa città.

Da quella chiacchierata al diventare amici il passo è stato breve. Ore e ore a camminare, a parlare senza mai discutere di massimi sistemi; anzi, i nostri confronti erano sempre mirati, costruttivi ed empatici e portavano a risultati.

Sì perché, quando penso a Emilio, le prime cose che mi vengono in mente sono proprio il pragmatismo, la concretezza, la visione focalizzata ai risultati che si possono misurare e dimostrare. Ho imparato molto da lui, sia come persona che come formatore.

Questa volta Emilio ha accolto il mio suggerimento di scrivere un libro e ha superato sé stesso, perché *Vendere con il marketing della paura* è un'opera tra fisica e metafisica, tra emozioni, paure, dati e analisi che introducono il lettore in una visione inedita, appassionante e accattivante di una materia che tange tutti i giorni la nostra realtà, ma della quale la maggior parte delle volte non ci accorgiamo.

Un percorso tra le righe, quello di Emilio, sorprendente per i contenuti orientati su psicologia e social e fruibile da un pubblico non solo di addetti ai lavori.

L'autore ci guida in un percorso toccando le varie sfaccettature dalle emozioni alla vendita, dall'etica alle connessioni sociali, dalla persuasione ai guadagni e molto altro ancora, utilizzando un linguaggio semplice, schietto e diretto, mai ridondante o, peggio ancora, fine a sé stesso.

La caratteristica che più mi ha colpito di Emilio è sempre stata l'immediatezza senza tanti fronzoli e giri di parole, l'arrivare subito al punto, al nocciolo della questione.

In questo libro troverete proprio questo.

Buona lettura.

Gian Luca Marino
(scrittore e giornalista)

Premessa: cosa otterrete da questo libro?

Nell'era moderna, la paura si è trasformata in un potente strumento di persuasione, un catalizzatore straordinario per le vendite e un motore inarrestabile che spinge all'azione. Di fronte a una minaccia reagiamo immediatamente, mossi da un istinto primordiale che supera la logica.

La paura è la più influente tra le nostre emozioni, un'alleata nel processo decisionale, ma può trasformarsi in ansia o panico se supera una certa soglia. Il mio compito è fornire suggerimenti per una comunicazione più diretta, assertiva e focalizzata, che faccia leva su queste dinamiche senza superarne i limiti.

Il libro che state leggendo vi guiderà attraverso le sfumature del marketing della paura, mostrando come – se utilizzate in maniera etica e consapevole – diventino uno strumento non di manipolazione, ma di informazione. L'uso del timore, in questo contesto, non implica una mancanza di rispetto verso l'interlocutore. Al contrario, veicola informazioni che possono aiutare il cliente a prendere decisioni più rapide, consapevoli e ponderate.

Imparerete a sfruttare in modo responsabile la paura come leva motivazionale, evitando di incutere ansia ingiustificata. Con l'aiuto dell'intelligenza artificiale, queste tecniche diventeranno ancora più raffinate, permettendovi di personalizzare i messaggi e di raggiungere il pubblico in modi innovativi. È un libro che non solo amplierà la vostra comprensione del marketing, ma vi trasmetterà anche le competenze per applicarlo con eticità.

Prendiamo come esempio gli antifurti che acquistiamo per proteggere la nostra casa, la nostra automobile, la nostra moto: non li compriamo per piacere, ma per evitare che il nostro equilibrio mentale venga compromesso da uno stato di stress, a causa di un eventuale furto. Potrei spendere ore a sottolineare, con dati e statistiche, l'importanza di proteggere la propria abitazione, ma il vero momento decisivo arriva quando una persona subisce un furto. È lì che scatta l'esigenza di difendere gli spazi domestici, le proprie cose, sebbene si conoscessero i rischi già in precedenza. Questa reazione, per quanto possa sembrare illogica, è proprio la chiave del potere della paura. Non si tratta di creare allarmismo ingiustificato, ma di risvegliare la consapevolezza dei pericoli già noti. È un processo che coinvolge il delicato equilibrio tra informare e motivare, senza mai oltrepassare il confine verso la manipolazione. Non è uno strumento per sfruttare le vulnerabilità delle persone, quanto piuttosto una maniera per evidenziare soluzioni concrete ai problemi che potrebbero non essere percepiti come immediati. La sfida è usare la preoccupazione per stimolare l'azione, anziché paralizzarla, e per guidare verso scelte ponderate.

Analizziamo gli eventi dell'11 settembre. Il panico suscitato dalla minaccia di attacchi terroristici spinse molti passeggeri a evitare i viaggi in aereo, optando per gli spostamenti in auto, pensando che fosse un'opzione più sicura. Questa convinzione era forte, nonostante l'eventualità di morire in un incidente stradale sia molto superiore a quella di subire un attacco terroristico. Per mettere il fenomeno in prospettiva, secondo le statistiche del National Safety Council le probabilità di un cittadino americano di morire in un incidente d'auto sono circa 1 su 93[1]: numeri decisamente più alti rispetto a quelli stimati per gli incidenti aerei. La paura ha quindi sovrastato ogni logica razionale, dimostrando come, in certe circostanze, le emozioni possano dominare e guidare le decisioni delle persone, anche contro il loro stesso interesse per la sicurezza. I pubblicitari lo sanno bene.

[1.] Dati tratti dal report del National Safety Council del 2021 (https://injuryfacts. nsc.org/all-injuries/preventable-death-overview/odds-of-dying/data-details/, sito visitato in data 14 febbraio 2024).

Presentano un problema, ne amplificano la portata, e poi servono la soluzione su un piatto d'argento. Pensate ai probiotici: gli spot vi spaventano con l'idea di rovinare la vostra vacanza al mare a causa di un mal di pancia, per poi proporvi il prodotto come salvatore del tempo libero in famiglia. Lo stesso discorso vale nel caso delle creme solari: anziché parlare dei benefici di un'abbronzatura perfetta, per spingere all'acquisto si gioca sul timore del melanoma cutaneo. La paura, insomma, è uno strumento che, se gestito con saggezza, può determinare scelte e comportamenti di consumo. Le emozioni sono forti motori d'azione, come potrete approfondire in modo dettagliato nel corso della lettura (nella seconda parte del libro, questo argomento sarà trattato anche da Alberto Vercellotti, che ha contribuito con la scrittura di un capitolo).

Vendere con il marketing della paura vi guiderà attraverso un percorso empatico che vi porterà a comprendere i segreti di questa strategia, mostrando come utilizzarla in maniera etica ed efficace. In un mondo in cui tutti sono costantemente bombardati da informazioni, imparerete come catturare l'attenzione dei vostri clienti, facendo leva sulle loro emozioni più profonde e convincendoli a scegliere *voi* come partner nella soluzione dei loro problemi.

Scoprirete come trasformare le paure in opportunità, creando un legame duraturo con i consumatori e portando il vostro business al successo.

Questo libro è un'indispensabile risorsa per tutti voi: imprenditori, liberi professionisti, titolari di attività commerciali alla ricerca di strategie per aumentare le vendite in modo onesto e trasparente.

Il marketing della paura, nello specifico, è utile soprattutto per alcune nicchie di mercato, soprattutto nei settori dove le preoccupazioni dei consumatori sono più pronunciate. Di seguito vi riporterò qualche esempio, legato alle categorie merceologiche che possono maggiormente beneficiare di questo approccio.

Settore assicurativo. Un ambito che si basa sulla protezione contro eventi imprevisti, che possono avere conseguenze finanziarie negative. In termini di marketing della paura, le compagnie usano spesso il timore per evidenziare i potenziali pericoli ai quali individui e aziende sono esposti. Iniziano con l'identificazione dei rischi che gli individui o le aziende vogliono evitare: dalle malattie agli incidenti automobilistici, dai disastri naturali ai furti. Mettono in luce le gravi conseguenze finanziarie e personali che derivano dall'essere impreparati di fronte a tali eventi. Utilizzando tecniche di marketing che evocano la paura, le compagnie creano, inoltre, un senso di urgenza. Sottolineano che imprevisti e disastri possono verificarsi in qualsiasi momento e che essere assicurati è l'unico modo per garantirsi la sicurezza finanziaria.

Il timore di perdere beni materiali, la salute o addirittura la vita è un motore potente. Le assicurazioni giocano su queste preoccupazioni (non sempre, in quanto la comunicazione non è mai troppo assertiva da questo punto di vista), per rafforzare il bisogno di sicurezza e protezione, che è un desiderio innato dell'essere umano. Attraverso un marketing mirato, le compagnie personalizzano le loro comunicazioni per far riecheggiare specifiche inquietudini, come la paura di lasciare la famiglia senza sostegno finanziario in caso di morte prematura o l'ansia di non riuscire a pagare le spese mediche. Le testimonianze di clienti che hanno sperimentato queste situazioni e sono stati "salvati" dalla loro polizza possono essere sfruttate per illustrarne l'importanza.

Al di là della paura, il marketing nel settore assicurativo enfatizza spesso il concetto della "pace mentale" che deriva dall'essere assicurati. Questa è una risposta diretta all'ansia suscitata, offrendo una soluzione che non solo mitiga il rischio ma fornisce anche un senso di tranquillità. Le compagnie, infatti, devono bilanciare i loro messaggi per evitare di essere viste come manipolative. L'etica del marketing in questo settore richiede di informare i clienti senza causare allarmismi ingiustificati. Una buona comunicazione deve educare il consumatore sui pericoli reali e su come le polizze possano davvero proteggerlo.

Salute e benessere. Il marketing della paura si rivela utile quando si evidenziano i rischi di uno stile di vita non salutare o l'abitudine di ignorare i segnali associati a disturbi fisici e psicologici. Nelle campagne per la prevenzione delle malattie croniche, così come in quelle sull'importanza di una dieta equilibrata o sulla salute mentale, si possono usare statistiche e testimonianze che sottolineino il valore del prendersi cura di sé. Allo stesso tempo, è fondamentale che le soluzioni siano concrete e accessibili, come programmi di wellness, prodotti per il fitness o consulenze psicologiche, così da indirizzare i consumatori verso scelte positive.

Il timore di affrontare problemi fisici diventa, così, un motivatore per mantenere uno stile di vita salutare e attivo. L'idea di poter incorrere in malattie crea un senso di urgenza che supera, spesso, la semplice volontà di apparire esteticamente piacevoli. L'ansia di non essere in forma e di compromettere la salute guida molte decisioni quotidiane verso scelte più benefiche.

Sicurezza. In una realtà sempre più complessa e incerta, il senso di insicurezza cresce in modo esponenziale tra la popolazione. Tale percezione, spesso amplificata dai mass media e da notizie virali, è il terreno fertile su cui fa leva il marketing della paura.

Nel suo nucleo, questa strategia non mira a spaventare inutilmente, bensì a risvegliare una consapevolezza critica nei consumatori riguardo ai rischi che potrebbero affrontare nella vita quotidiana. I servizi vengono proposti come soluzioni indispensabili, capaci di offrire quella tranquillità tanto desiderata.

Il marketing della paura non solo risponde a un'esigenza di protezione, ma può anche creare un legame più profondo tra l'azienda e il cliente, basato sulla percezione di avere un alleato affidabile nel gestire le insidie della vita. Per raggiungere questo traguardo, è fondamentale mantenere un alto standard etico.

Tecnologia e cybersecurity. I pericoli digitali come furti d'identità, attacchi informatici e phishing sono in aumento. Questo scenario richiede una promozione strategica dei servizi di cybersecurity, unendo l'approccio del marketing della paura all'educazione del consumatore. È essenziale informare il pubblico sui rischi, enfatizzando la necessità di proteggere i propri dati personali e aziendali. Bisogna altresì fornire informazioni accurate e non esagerare sulle minacce, per evitare di creare panico.

Al giorno d'oggi, il marketing della cybersecurity si è ormai evoluto: non si tratta più di sensibilizzare "solo" sulle criticità della sicurezza informatica, ma anche di guidare i consumatori verso l'adozione di misure avanzate per risolvere il problema. Il nostro messaggio deve mostrare come i corretti strumenti di protezione consentano un uso sereno della tecnologia.

Divulgare casi studio, esempi reali di violazioni della sicurezza e statistiche pertinenti può illustrare le conseguenze dei crimini informatici in modo chiaro e tangibile. Queste informazioni, unite a una spiegazione dettagliata delle funzionalità e dei benefici delle soluzioni di cybersecurity, aiutano gli utenti a comprendere il valore reale e l'urgente necessità della proposta.

Finanza e investimenti. La paura di perdere denaro, di non essere preparati per il pensionamento o di affrontare imprevisti economici è un poderoso stimolo all'azione. Piani pensionistici, fondi di investimento, assicurazioni sulla vita e servizi di consulenza finanziaria, quindi, dovrebbero essere promossi non solo puntando sull'importanza della protezione dei propri risparmi, ma anche instillando una consapevolezza critica sulle conseguenze per chi non pianifica il futuro.

Per rendere il messaggio efficace, possiamo citare studi che mostrano l'incidenza di difficoltà economiche in età avanzata per chi non ha investito in un piano pensionistico, o analizzare i casi di persone che hanno affrontato emergenze finanziarie inaspettate senza un fondo di riserva. È basilare, una volta in più, fornire consigli responsabili: è nostro dovere informare i clienti sulle reali implicazioni delle loro scelte finanziarie, proponendo soluzioni su misura. Occorre enfatizzare l'importanza di avere una strategia finanziaria ben strutturata, che può variare da un'attenta gestione del debito e del risparmio, fino alla diversificazione degli investimenti.

Anche l'educazione finanziaria gioca un ruolo cruciale. Istruire le persone sulle diverse opzioni disponibili, sui rischi e sui benefici di ciascuna scelta può aiutarle a prendere decisioni più sicure.

Ambiente e sostenibilità. La crescente consapevolezza riguardo al cambiamento climatico e alla sostenibilità ambientale sta aprendo nuove frontiere nel mondo del marketing. L'impellente necessità di affrontare questi problemi globali predispone un'ottima base per caldeggiare prodotti ecosostenibili, energie rinnovabili e iniziative volte alla tutela dei beni ambientali.

Le aziende hanno l'opportunità unica di posizionarsi come leader nell'innovazione verde. Evidenziare i pericoli del riscaldamento globale e l'urgenza di agire è un ottimo punto di partenza: la presentazione di queste minacce in termini vividi e allarmanti può spingere i consumatori verso scelte più sostenibili. È fondamentale, però, equilibrare questi messaggi con un approccio positivo. Invece di concentrarci soltanto sui rischi, dobbiamo mostrare come le azioni individuali possano contribuire a mitigare questi gravi problemi. L'utilizzo di energie rinnovabili e le iniziative di tutela ambientale fanno una grande differenza, sia per l'ambiente sia per il benessere futuro dell'umanità. È poi importante sottolineare i benefici tangibili di un comportamento ecosostenibile. Prodotti con minor impatto ambientale significano minori emissioni nocive, una qualità dell'aria più elevata e una salute generale migliore. Questi benefici devono essere comunicati con forza, affinché i consumatori percepiscano immediatamente il valore del loro contributo.

È molto efficace includere storie di successo e casi studio che mostrino come le scelte sostenibili abbiano portato a risultati positivi concreti, sia a livello locale che globale. Sono esempi che ispirano i consumatori e spiegano loro come diventare protagonisti attivi nella lotta contro il cambiamento climatico.

Settore alimentare. L'uso eccessivo di OGM e pesticidi ha provocato, negli ultimi anni, una crescente preoccupazione per le conseguenze sulla salute umana e sull'ambiente. Gli effetti di tali sostanze sono ancora in fase di studio: è quantomai necessario portare all'opinione pubblica le ricerche che ne illustrano i rischi, per poi proporre i prodotti biologici come alternative più sicure e responsabili.

Le diete malsane, cariche di cibi processati e ingredienti artificiali, contribuiscono all'aumento di obesità, malattie cardiache, diabete e altre patologie. Ecco che il marketing di prodotti biologici, integratori naturali e cibi dietetici può giocare un ruolo determinante nell'educare i consumatori sull'impatto delle loro scelte alimentari. L'onestà e la trasparenza sono elementi chiave e le affermazioni sui benefici devono essere corroborate da prove concrete. Raccontare storie di persone che hanno migliorato il proprio benessere attraverso scelte consapevoli, infine, può ispirare gli altri a intraprendere lo stesso percorso: sono esempi reali che agiscono come catalizzatori per il cambiamento.

Sfruttare il marketing della paura nel settore alimentare, quindi, non significa solo mettere in guardia dai pericoli, ma anche proporre soluzioni valide e praticabili. È una strategia che unisce l'educazione sui rischi alla promozione di alternative salutari. I consumatori sono guidati verso scelte che, oltre a portare benefici alla loro salute, contribuiscono alla sostenibilità ambientale, spingendo verso un futuro più consapevole.

Educazione e formazione dei figli. In un periodo storico come il nostro, dove l'incertezza regna sovrana e la competizione si fa sempre più agguerrita, i genitori affrontano una pressione crescente riguardo al futuro dei figli.

Il timore che i bambini non siano pronti per le sfide di un avvenire imprevedibile è una preoccupazione tangibile per molte famiglie. In questo scenario, prodotti e servizi legati all'insegnamento – libri didattici avanzati, tutoring online su misura o programmi di arricchimento extrascolastico – assumono grande rilevanza. La nostra comunicazione deve toccare questa corda sensibile, evidenziando come la società si stia evolvendo velocemente, lasciando poco spazio a chi non è preparato.

Bisogna evitare di sfruttare le angosce dei genitori in modo manipolativo, concentrandosi invece su come fornire valore reale ai piccoli nella loro crescita. È nostro dovere mostrare come i nostri prodotti e servizi siano la chiave per sbloccare il potenziale dei bambini, preparandoli a diventare leader capaci e fiduciosi nel futuro che li attende. Le campagne devono equilibrare l'esigenza di un rapido cambiamento con la speranza di offrire ai giovani gli strumenti adeguati a crescere, apprendere e avere successo.

Automobili e sicurezza stradale. Nel mondo frenetico di oggi, la sicurezza stradale è diventata più che mai una priorità. La paura degli incidenti, purtroppo un'esperienza troppo comune, ha una grande influenza sulle decisioni di acquisto dei consumatori. Le ultime generazioni di automobili sono dotate di funzionalità all'avanguardia, quali i sistemi di frenata automatica d'emergenza, che possono rilevare ostacoli imprevisti e ridurre il rischio di collisione. La tecnologia di assistenza alla guida, come il controllo adattivo della velocità di crociera e il mantenimento della corsia, lavora per supportare il guidatore persino nelle situazioni più stressanti. Inoltre, gli airbag di nuova generazione offrono una protezione superiore in caso di impatto, costituendo di fatto una barriera vitale tra il passeggero e il potenziale pericolo.

Nella presentazione di queste tecnologie è importante promuovere la responsabilità personale, sottolineando come la sicurezza sia un dovere di tutti. Incoraggiamo, poi, l'adozione di buone pratiche di guida, come evitare distrazioni (cellulare *in primis*), rispettare i limiti di velocità, usare le cinture di sicurezza.

Viaggi e turismo. Viviamo in un mondo sempre più connesso, ma allo stesso tempo segnato da incertezze geopolitiche e sanitarie; la sicurezza dei viaggi, pertanto, è una fonte di preoccupazione per i consumatori.

La paura di situazioni impreviste può offuscare l'entusiasmo per l'esplorazione e l'avventura: è qui che entra in gioco un marketing consapevole. Promuovere destinazioni percepite come sicure diventa un punto chiave. Possiamo porre l'accento su destinazioni con bassi tassi di criminalità, buone condizioni sanitarie, una stabilità politica consolidata.

Le assicurazioni di viaggio, offrendo pacchetti che coprono ogni eventualità – cancellazioni, infortuni, malattie, dissesti geopolitici eccetera – dimostrano ai viaggiatori che sono supportati in ogni fase del viaggio. La chiarezza nelle varie opzioni, con una spiegazione dettagliata dei benefici, diminuisce così l'ansia legata all'incertezza.

Allo stesso tempo, è fondamentale fornire informazioni accurate. Aggiornamenti su eventi di rilevanza globale, consigli di viaggio e modifiche alle normative aiutano i viaggiatori a compiere scelte informate. Queste informazioni devono essere presentate in modo equilibrato, senza creare inutili allarmismi, bensì trasmettendo un'idea di preparazione e controllo sugli imprevisti.

È essenziale, infine, che tutte le strategie di marketing nel settore turistico siano intrise di responsabilità etica. Utilizzare la paura come strumento per indurre alla cautela è giusto, ma non bisogna esacerbare il panico irrazionale. Il fine ultimo è incoraggiare i viaggiatori a esplorare il mondo in tranquillità, con la consapevolezza che le aziende del settore turistico hanno a cuore il loro benessere.

Prodotti per bambini. La tutela dei figli è di primaria importanza per i genitori. Seggiolini per auto, alimenti per neonati e giocattoli a norma possono essere pubblicizzati enfatizzandone la sicurezza, la qualità e i benefici per lo sviluppo psicofisico dei piccoli. La comunicazione deve essere basata su ricerche e informazioni precise e puntuali, per evitare di generare preoccupazioni ingiustificate.

Dopo questa panoramica sulle diverse categorie merceologiche, è bene precisare che gli imprenditori non sono gli unici destinatari del libro che avete tra le mani: è anche un prezioso strumento per chi gestisce piani editoriali e sponsorizzazioni nel campo del social media marketing. Fornisce ottimi suggerimenti per potenziare l'efficacia delle campagne pubblicitarie, con un focus particolare sui segmenti di mercato che abbiamo analizzato sopra.

Mentre vi addentrerete nelle pagine di *Vendere con il marketing della paura*, scoprirete molteplici tecniche di comunicazione e approfondirete le esigenze del consumatore, per comprendere come le emozioni spingano le decisioni d'acquisto.

Vi presenterò casi studio e strategie reali che hanno avuto successo in passato, senza mai perdere di vista l'importanza della responsabilità morale nel saper gestire queste dinamiche.

Imparerete a identificare le paure più comuni, per poi trasformarle in messaggi persuasivi. Vedremo come creare campagne di marketing basate sulla fiducia e sulla comprensione delle esigenze del pubblico, garantendo che il vostro approccio sia sempre rispettoso e autentico. Dal linguaggio emotivo alle storie coinvolgenti, dalle immagini evocative alle statistiche rassicuranti, scoprirete come combinare questi elementi per creare un'esperienza che tocchi il cuore e la mente dei consumatori, permettendovi di instaurare relazioni durature e di costruire una reputazione solida nel vostro settore. Approfondirete il ruolo dell'empatia nella comunicazione e capirete come realizzare contenuti che risuonino con le emozioni dei clienti, mantenendo sempre un equilibrio tra etica e persuasione.

Il marketing della paura è una strategia potente ma delicata, che fa leva sull'emotività dei consumatori per influenzare le loro decisioni di acquisto. Nel corso del libro, vedrete quindi come impiegare queste tecniche con rispetto, senza mai perdere di vista l'etica.

Alla fine del nostro viaggio, sarete in grado di utilizzare questo strumento di comunicazione con consapevolezza e integrità, trasformando i timori in fiducia e offrendo ai vostri clienti le soluzioni di cui hanno bisogno. In tal modo, contribuirete a creare una società in cui il marketing etico è la norma e non l'eccezione, in cui le relazioni tra aziende e clienti sono basate sulla sincerità e sulla collaborazione.

"

In un mondo in cui tutti sono costantemente bombardati da informazioni, imparerete come catturare l'attenzione dei vostri clienti, facendo leva sulle loro emozioni più profonde.

Capitolo 1.
Perché utilizzare la paura nel marketing?

1.1
Emozioni che trasformano: la chiave del successo nelle vendite

Il mondo del marketing e della vendita si basa su un principio fondamentale: i clienti comprano emozioni ancor prima di acquistare un bene o un servizio. L'obiettivo principale del processo d'acquisto è infatti quello di ottenere una trasformazione, che può essere personale, professionale o legata alla propria percezione di sé.

Le emozioni sono un potente motore nell'iter decisionale dei consumatori. Quando un'azienda riesce a toccare le corde giuste, instaurando un legame emotivo con il target, le possibilità di successo aumentano notevolmente. Per questo motivo, le campagne di marketing mirano spesso a suscitare emozioni come felicità, nostalgia, senso di appartenenza o desiderio di miglioramento.

Per comprendere meglio l'importanza della trasformazione nella decisione d'acquisto, bisogna analizzare alcuni esempi concreti. Un'auto di lusso, ad esempio, non viene scelta solo per la sua funzionalità, ma soprattutto per il senso di prestigio che conferisce al proprietario. In questo caso, la trasformazione riguarda l'immagine che la persona ha di sé e il modo in cui viene percepita dagli altri. In maniera analoga, l'acquisto di un corso di formazione professionale riguarda certamente la volontà di accrescere le proprie competenze, ma non si limita a questo: è altresì alimentato dal desiderio di successo sia in ambito personale che lavorativo. Per sfruttare al meglio il potere delle emozioni nel processo d'acquisto, è fondamentale che le aziende conoscano il loro target di riferimento e sappiano quali bisogni di trasformazione sono in grado di soddisfare. In questo modo, sarà possibile creare campagne di marketing efficaci, che riescano a stimolare l'emotività dei consumatori inducendoli alla conversione.

Il marketing delle emozioni e della trasformazione, perciò, rappresenta una strategia fondamentale per il successo di un'azienda. Attraverso un'attenta analisi delle esigenze emotive dei consumatori, è possibile creare campagne che parlino al cuore delle persone e le spingano a scegliere qualcosa non solo per le sue caratteristiche funzionali, ma anche per la promessa di un cambiamento significativo nella propria vita (persino incutendo un po' di paura per i rischi connessi al rimanere nella propria zona di comfort!).

Prima ancora di comprare un prodotto o un servizio, i clienti investono nelle *emozioni*. Le persone fanno acquisti per vivere un *cambiamento*.

1.2
Qual è la differenza tra il marketing emozionale e il marketing della paura?

Sappiamo tutti quanto sia potente il coinvolgimento emotivo. Quando una storia, un'immagine, un'idea ci toccano nel profondo, ci rimangono impresse nella memoria. Ed è proprio su questo principio che si basa il marketing emozionale: non si tratta di vendere semplicemente un prodotto, stiamo parlando di creare un autentico legame emotivo con il cliente.

La paura, in particolare, è un'emozione così radicata in noi che può spingerci all'azione in modo quasi immediato. Il timore di perdere qualcosa, il desiderio di proteggerci da un rischio, la volontà di evitare un problema: sono tutte motivazioni forti che ci inducono a compiere una scelta, e nello specifico a fare un acquisto. Ma come si può utilizzare la paura nel marketing emozionale, senza però scadere in tecniche manipolative o poco etiche? Come si può creare un messaggio pubblicitario che tocca le corde giuste, che risveglia le emozioni senza allarmare inutilmente il cliente?

È bene sapere, innanzitutto, che il marketing emozionale non è solo una strategia promozionale: è una modalità di fare business che pone al centro il consumatore, le sue emozioni, i suoi desideri. È un approccio che va oltre il semplice acquisto di un prodotto, per creare una connessione duratura, basata sulla fiducia e sul rispetto reciproco. Si tratta, quindi, di un metodo che trascende la mera transazione commerciale e coinvolge il cliente a un livello più profondo. Se lavoriamo con tale consapevolezza, saremo in grado di impiegare il marketing della paura non per spaventare i clienti o manipolarli, ma per offrire loro soluzioni che li aiutino a sentirsi più sicuri e protetti.

A questo punto potreste chiedervi: quali sono i punti in comune e quali le differenze tra il marketing emozionale e il marketing della paura?

Per quanto riguarda gli elementi di contatto, entrambi si avvalgono delle emozioni per influire sul comportamento dei consumatori. I due approcci cercano di stabilire un legame tra il cliente e il brand. Entrambi mirano a indurre una risposta comportamentale – come l'acquisto di un prodotto o la fedeltà a un marchio – sfruttando la reazione emotiva.

Quali sono, viceversa, le differenze tra le due metodologie di comunicazione?

Il marketing emozionale può utilizzare una vasta gamma di emozioni positive (gioia, fiducia, amore...) o negative (tristezza, rabbia, disgusto...), mentre il marketing della paura si concentra principalmente sulle emozioni legate alla preoccupazione, all'ansia e all'insicurezza.

Il marketing emozionale tende a instaurare relazioni a lungo termine con i clienti, mentre il marketing della paura spesso mira a creare un senso di urgenza, sottolineando le conseguenze immediate del non agire.

Il marketing emozionale, di solito, è percepito in modo più benevolo, poiché costruisce connessioni basate su sentimenti ritenuti socialmente accettabili. Il marketing della paura, al contrario, può essere visto come manipolativo se non gestito con cura... ma sicuramente è molto più efficace nel breve termine.

Il marketing emozionale tende a essere maggiormente sostenibile nel lungo periodo, poiché costruisce relazioni positive e fedeltà al brand. Il marketing della paura, spesso, è meno costante: il suo impatto può diminuire con il tempo o portare a reazioni negative, se usato senza i dovuti accorgimenti. Nei prossimi capitoli, vedremo come sfruttarlo in maniera da non depotenziarne l'effetto.

1.3
Quali sono gli stimoli vitali dell'essere umano?

Gli stimoli vitali sono gli impulsi radicati nella parte più primordiale di ciascun individuo, per cui possono rivelarsi potenti leve per influenzare le decisioni dei consumatori. Il marketing della paura, una tattica sottile ma efficace, si rivolge direttamente a tali stimoli, suscitando reazioni emotive intense che spingono all'azione.

Esaminiamo come questa strategia si manifesti in vari aspetti della vita quotidiana, dimostrando il suo impatto significativo sulle decisioni di acquisto.

Sopravvivenza e gioia di vivere. Il marketing della paura si concentra sui rischi per la salute e la sicurezza, enfatizzando minacce reali o percepite e promettendo un miglioramento tangibile della qualità di vita. Campagne che sottolineano il benessere e la longevità evocano un forte desiderio di condurre un'esistenza più protetta.

Piacere del cibo e delle bevande. Le campagne pubblicitarie mettono in luce i pericoli di cibi e bevande non salutari, inducendo i consumatori a optare per alternative più genuine. Questi messaggi promozionali possono drammatizzare gli effetti negativi di una cattiva alimentazione, creando un senso di urgenza per cambiare le proprie abitudini in nome della salute.

Liberarsi da paure e dolori. La pubblicità utilizza i timori più pressanti, come quelli legati a malattie o infortuni, per promuovere prodotti che offrono sollievo o prevenzione. I messaggi che evocano immagini di sofferenza, per poi indicare la soluzione migliore, convincono i consumatori dell'importanza dell'acquisto.

Desiderio sessuale. Il marketing sfrutta la paura di non essere attraenti, pubblicizzando prodotti di bellezza, fitness e farmaci. Si gioca sull'aspirazione a essere desiderati, sottolineando come certi articoli possano aumentare il nostro appeal.

Ricerca del comfort. L'ansia di perdere le comodità della vita quotidiana è un catalizzatore per la vendita di prodotti legati alla sicurezza domestica, alle assicurazioni e al benessere. Si può quindi spiegare come la tranquillità sia un aspetto irrinunciabile del comfort personale.

Essere superiori e vincenti. La paura di essere superati professionalmente o socialmente è un'ottima leva per vendere corsi di formazione, abbigliamento di lusso e automobili di prestigio. In tal modo si sottolinea l'importanza di distinguersi ed eccellere.

Cura e protezione dei propri cari. La preoccupazione per il benessere familiare è un potente stimolo all'acquisto di prodotti o servizi relativi alla sicurezza, alla salute e all'educazione. Si usa per creare campagne che toccano corde emotive profonde, sottolineando la responsabilità di proteggere le persone amate.

Ricerca del consenso sociale. La paura del rifiuto e dell'esclusione viene impiegata per promuovere prodotti che migliorano lo status o l'appartenenza a un gruppo. Le strategie che ne fanno uso enfatizzano la necessità di essere accettati, sfruttando il desiderio di approvazione.

Ognuno di questi punti illustra come il marketing della paura possa influenzare in modo significativo il comportamento dei consumatori, utilizzando gli stimoli fondamentali dell'agire umano.

1.4
Come la paura e le emozioni guidano il 90% dei nostri acquisti

Circa il 90% degli acquisti avviene in modo impulsivo[2], poiché il nostro cervello è programmato per prendere decisioni rapide. L'istinto gioca un ruolo determinante al momento dell'acquisto, e le campagne di marketing più efficaci sfruttano questa dinamica. I professionisti, infatti, puntano sulle emozioni per facilitare le decisioni dei consumatori. Ad esempio, quando annunciano: "Il prodotto sta per esaurirsi", utilizzano la paura di perdere una buona occasione. Questo spiega perché le campagne promozionali spesso si avvalgano del cosiddetto *fear appeal* per massimizzare il loro impatto.

L'espressione "fear appeal" si traduce in italiano con "appello alla paura" o "richiamo alla paura". Si tratta di una strategia di comunicazione impiegata per influenzare il comportamento dei consumatori sfruttando, appunto, la paura: il timore evocato e la minaccia percepita stimolano atteggiamenti più favorevoli ai contenuti del messaggio pubblicitario. Tutte le campagne di marketing basano le loro tattiche su questa molla che scatta nella mente dei clienti, e che è responsabile dell'acquisto istintivo.

Per capire meglio il concetto, dobbiamo aprire una parentesi sul funzionamento della nostra mente. Secondo la teoria del

[2] Stephen J. Hoch, George F. Loewenstein, *Time-inconsistent Preferences and Consumer Self-control, Journal of Consumer Research*, Vol. 17, 1991, p. 492-507.

medico e neuroscienziato statunitense Paul Donald MacLean[3], il cervello umano è diviso in tre parti: il cervello rettiliano, che gestisce gli istinti primordiali; il sistema limbico, che controlla e influenza le emozioni; la neocorteccia, che ci guida nelle funzioni meramente proattive. Le tre parti lavorano insieme per condizionare il nostro comportamento e la nostra percezione del mondo. Analizziamole più nel dettaglio.

1. **Cervello rettiliano**: è la parte più antica e primitiva. È responsabile delle funzioni di base come il controllo dei ritmi cardiaci, la respirazione e l'istinto di sopravvivenza. Gestisce anche la risposta automatica di "combatti o fuggi"[4] quando siamo di fronte a una minaccia.

2. **Sistema limbico**: situato tra il cervello rettiliano e la neocorteccia, gestisce le emozioni, la memoria e il piacere. È qui che nascono i sentimenti di felicità, paura, rabbia e amore. Questa parte ci aiuta a costruire legami emotivi con gli altri e a reagire in modo appropriato alle situazioni sociali.

3. **Neocorteccia**: è la parte del cervello che ci distingue dagli altri animali. È responsabile delle funzioni cognitive superiori come il pensiero astratto, la pianificazione, la decisione e il ragionamento. Ci permette di elaborare piani, risolvere problemi complessi e pensare in maniera critica.

Questa suddivisione può essere collegata in maniera efficace al marketing di vari prodotti: di seguito, prenderò come esempio il settore assicurativo.

Una compagnia di assicurazioni, nel comunicare i rischi a cui ci si espone senza una copertura adeguata, attiva il cervello rettiliano, generando un senso di paura e una reazione di "combatti

[3] Paul D. MacLean, *Evoluzione del cervello e comportamento umano. Studi sul cervello trino, con un saggio introduttivo di Luciano Gallino*, Einaudi, Torino 1984.
[4] Ovvero la reazione di "attacco o fuga" teorizzata dal fisiologo Walter Bradford Cannon.

o fuggi". Il consumatore affronta il panico delle possibili conseguenze finanziarie in caso di incidente senza un'adeguata assicurazione. Parallelamente, il sistema limbico risponde a queste informazioni con un insieme di emozioni – preoccupazione per la propria sicurezza, ansia per i potenziali costi – che potrebbero indurre la persona a considerare l'acquisto di una polizza. Infine, la neocorteccia entra in gioco per valutare la situazione e prendere una decisione ponderata. Ad esempio, può considerare più razionale il costo di un premio assicurativo annuale di 600 euro per la copertura Kasko di un'auto nuova, che protegge il mezzo da eventuali danni causati da errori di guida e incidenti con concorsi di colpa, rispetto al rischio di dover pagare un eventuale danno di molte migliaia di euro. In questo modo, l'uso abile e responsabile del marketing della paura da parte delle compagnie di assicurazione può influire sulle decisioni dei consumatori, stimolando tutte e tre le parti del cervello.

Se utilizzata eccessivamente, al contrario, la paura può causare reazioni negative come ansia o sfiducia, danneggiando la reputazione del marchio e allontanando i clienti. Di conseguenza, è vitale bilanciare questa emozione con messaggi positivi e rassicuranti, che offrono soluzioni concrete ai problemi sollevati. Invece di spaventare le persone con scenari catastrofici improbabili, ad esempio relativi a calamità naturali, l'obiettivo dovrebbe essere quello di informarle sui benefici di una copertura adeguata agli eventi di questo tipo. Per esempio, se vogliamo proporre una polizza contro la grandine, sarà più semplice farlo in zone dove questo rovescio si è già verificato due volte nel corso dell'anno, rispetto ad aree dove è avvenuto solo due volte in sei anni. In quest'ultimo caso, non è dimostrabile che il problema sia così impellente.

Analizziamo un caso concreto: considerando che il 75% delle case in Italia è esposto a possibili eventi naturali estremi, ma solo poco più del 5% è tutelato da una polizza assicurativa specifica[5], le compagnie assicurative hanno la responsabilità di evidenziare queste statistiche. Senza incutere paura irrazionale, ma sfruttando l'elemento emotivo, è possibile trasmettere un messaggio importante: nelle zone soggette ad avversità meteorologiche, proteggere il proprio bene primario – ossia la casa – può richiedere solo alcune centinaia di euro, per prevenire così danni economicamente irreparabili.

Costruendo un legame di fiducia con i clienti, ci si può posizionare come partner affidabili nella gestione dei rischi finanziari e nella salvaguardia del futuro. Con un equilibrato utilizzo del marketing della paura, possiamo quindi influenzare in modo positivo le intenzioni e gli atteggiamenti dei consumatori verso i contenuti del nostro messaggio.

1.5

Cosa succede quando si prova paura (nel marketing)?

Quando proviamo paura, la nostra mente scatena una sequenza di processi rapidi e potenti per innescare una risposta difensiva.

Una particolare area valuta la situazione e trasmette segnali ad altre regioni del cervello, attraverso una rete neurale. Questo circuito di connessioni cerebrali è incaricato di elaborare e rispondere alle minacce percepite.

Una volta attivato il processo a livello mentale, il corpo reagisce con una serie di reazioni fisiche, come l'aumento della frequenza cardiaca, la dilatazione delle pupille e la sudorazione. Tali risposte mirano a preparare l'individuo a gestire la situazione di pericolo, sia attraverso la lotta sia attraverso la fuga.

Nel marketing della paura, le campagne pubblicitarie cercano di innescare forti risposte emotive nei consumatori, sfruttando, appunto, l'istinto di autoprotezione e il bisogno di sicurezza. Comprendere il ruolo dell'area del cervello coinvolta nel pro-

[5.] La fonte del dato è l'indagine associativa (sesta edizione) realizzata dall'ANIA – Associazione Nazionale fra le Imprese Assicuratrici.

cesso aiuta a creare messaggi pubblicitari che attivano le reazioni emotive, rendendo il prodotto o il servizio più attraente. Ma qual è, quindi, l'area cerebrale preposta a questi processi? Si tratta del già citato sistema limbico, che ci aiuta a ricordare gli eventi emotivamente significativi e regola il comportamento sociale. Se non funziona in modo corretto, può causare problemi emotivi e comportamentali che ci portano, ad esempio, a scambiare un oggetto innocuo, come un filo, per una minaccia, come un serpente. La paura attiva un meccanismo di difesa difficile da comprendere, che ci ha aiutato ad affrontare situazioni critiche e pericolose nel corso dell'evoluzione. Non c'è tempo per riflettere: perdere minuti preziosi a raccogliere informazioni non ci avrebbe permesso di sopravvivere in epoca preistorica.

La paura è dunque un'emozione profondamente radicata nel nostro DNA. In un contesto moderno, tuttavia, le nostre risposte alle minacce possono essere meno utili o addirittura controproducenti. I meccanismi che ci inducono a reagire a situazioni di pericolo, infatti, se ci stiamo confrontando con questioni non risolvibili nell'immediato (come problemi di lavoro o relazionali), scatenano ansia e stress.

Da un punto di vista biologico il processo è lo stesso, anche se i pericoli di oggi sono diversi da quelli dei nostri antenati. Il corpo si prepara a combattere o fuggire, liberando adrenalina, accelerando il battito cardiaco e aumentando la tensione muscolare. Queste risposte causano a loro volta altri effetti fisici, tra cui tremori, sudorazione, difficoltà di respirazione e tachicardia.

In termini di marketing, la comprensione di tali reazioni, come accennato in apertura di capitolo, può essere utilizzata per stimolare l'interesse dei consumatori e motivarli all'azione. Occorre, pertanto, essere consapevoli del ruolo che la paura ha giocato nel corso della nostra evoluzione e del significato che riveste oggi. Nella società moderna, può portare un forte stress se non gestita correttamente. La comprensione di come il cervello elabora la paura, da questo punto di vista, può aiutare non solo a sviluppare strategie di marketing più efficaci, ma anche a capire meglio noi stessi. Per tale motivo, è importante sottolineare ancora una volta che il suo uso eccessivo può provocare effetti avversi. Se un messaggio pubblicitario è percepito come troppo minaccioso, il consumatore può rifiutare il prodotto o il servizio e sviluppare un'associazione negativa con il marchio. Pertanto, è essenziale trovare un equilibrio tra l'attivazione delle risposte emotive e il rispetto dei limiti individuali di tolleranza alla paura. Nella seconda sezione di questo libro capiremo come fare nel dettaglio.

1.6
Il potere della perdita nel marketing

Nel marketing della paura, molte volte si cerca di rendere consapevole l'utente evidenziando il problema e dando subito la soluzione. Il consumatore sceglie basandosi più sulla perdita che sul guadagno. Perdere qualsiasi cosa genera ansia (che sia il portafoglio, il nostro smartphone, il treno, i capelli, la salute, la sicurezza quotidiana...) perché veniamo privati di un elemento che rappresenta per noi beneficio, vantaggio, benessere.

La paura della perdita (fisica o psicologica) è quindi davvero potente. Preferiamo *non perdere* qualcosa piuttosto che *guadagnarla*.

Le scelte dei consumatori sono basate più sulla mancanza che sulla vincita: le persone sono spinte a rischiare quando corrono il pericolo di essere private di qualcosa. In tal caso, giocano d'azzardo. Evidenziare come il risultato di non acquistare un prodotto sia una perdita trasformerà molti più consumatori in clienti paganti.

Facciamo un semplice esempio di marketing emozionale che sfrutta la paura della perdita: un'azienda di luce e gas vuole comunicare il fatto che la sua offerta può far risparmiare 50 euro. Più che sottolineare il beneficio (risparmio), il fornitore dovrebbe evidenziare la perdita a cui il consumatore andrebbe incontro se rinunciasse all'opportunità presentata. "Risparmia 50 euro all'anno in bolletta", pertanto, è *meno* fruttuoso di "*Non perdere* 50 euro all'anno in bolletta". Lo stesso vale per gli sconti su prodotti non pensati per il risparmio: usate la parola "perdita", sempre, e i risultati vi ripagheranno!

L'importante è che la perdita prospettata al cliente sia effettiva, non inventata ad hoc. Per vendere di più occorre far leva genuinamente su una paura che tutti vogliono evitare, offrendo un prodotto di cui c'è effettivo interesse. Questo è marketing emozionale *sano* ed efficace, a dispetto di altri tipi di marketing che creano da zero un problema o una situazione di terrore per vendere qualcosa che altrimenti sarebbe inutile.

1.7

Utilizzare il sentiment e il social listening per potenziare il marketing della paura

Nella nostra era, dominata dalla comunicazione digitale, l'arte di intercettare e analizzare il sentiment è vitale. In questo capitolo analizzeremo come sfruttare molteplici strategie per sondare le preoccupazioni del pubblico, soprattutto nel contesto dei social media. Ecco, quindi, un elenco di sette strumenti per impostare al meglio la vostra comunicazione aziendale.

1. **Analisi del sentiment**: per svolgerla, bisogna avvalersi di programmi avanzati per decifrare il tono delle conversazioni online. Questi software, basati sull'intelligenza artificiale, categorizzano i commenti in positivi, negativi o neutri, permettendovi di misurare l'impatto emotivo di un argomento e di adattare, di conseguenza, le strategie di marketing.

2. **Sondaggi e questionari**: raccogliere feedback diretti vi aiuta a comprendere in profondità le paure e le aspettative del target, guidando la creazione di campagne di marketing efficaci.

3. **Analisi dei trend di ricerca**: strumenti come Google Trends permettono di capire l'evoluzione degli interessi

del pubblico. È un'indagine che può indicarci i timori emergenti, così da orientare le campagne verso argomenti attuali.

4. **Utilizzo di tool come AnswerThePublic**: uno strumento fondamentale per scoprire le domande che si pongono gli utenti. Conoscerle vi permette di indirizzare il vostro marketing verso le reali incertezze del pubblico, offrendo soluzioni mirate.

5. **Forum e community online**: esplorate piattaforme come Reddit o Quora per studiare le discussioni attorno ai vostri temi. Questi strumenti consentono di avere un punto di vista autentico sui timori del pubblico.

6. **Feedback dei clienti**: analizzate le recensioni online. Sono dati fondamentali per costruire una comunicazione che risponda in modo valido alle paure del target.

7. **Analisi dei concorrenti**: consiste nell'osservare come i competitor affrontano temi simili ai vostri. Queste informazioni possono fornire spunti su come navigare nel vasto oceano del marketing della paura, evitando errori comuni e adottando strategie vincenti.

1.8
Come viene influenzato il nostro cervello dalle pubblicità che usano la paura e le emozioni?

Quando i consumatori si trovano davanti a un messaggio che fa leva sull'emotività, nella loro mente scattano subito reazioni ben precise. Vediamo, nel dettaglio, quali sono.

Reazione emotiva. La pubblicità emotiva in generale, e quella basata sulla paura in particolare, suscitano una risposta immediata. Nel caso del marketing della paura, possono scatenare ansia, preoccupazione o un senso di urgenza, mentre la pubblicità emotiva positiva può suscitare gioia, speranza o desiderio.

Processo di valutazione. Successivamente, il cervello inizia a valutare il messaggio pubblicitario. Si considera se la minaccia o la promessa emotiva sia reale e rilevante per sé stessi.

Memoria ed esperienze passate. Vengono attivati tutti i ricordi e il vissuto correlati a simili messaggi pubblicitari. Questo aiuta a determinare se la risposta emotiva sia giustificata o esagerata.

Ragionamento e giustificazione. Il cervello cerca di razionalizzare la reazione emotiva, spesso difendendo la necessità di agire (o di evitare l'azione) in base alla logica o ai benefici percepiti.

Influenze sociali e culturali. Anche le norme socioculturali giocano un ruolo importante nella risposta ai messaggi pubblicitari. Se è socialmente accettato reagire in un certo modo allo spavento o all'emotività in un contesto specifico, è più probabile che i consumatori si comportino di conseguenza.

Decisione di acquisto. Tutte le reazioni e valutazioni elencate confluiscono, infine, nella decisione di acquistare o meno il prodotto. In alcuni casi, la paura può spingere a un'azione immediata per evitare rischi o perdite, mentre un messaggio emotivamente positivo può creare un desiderio duraturo o una preferenza per il marchio.

La comprensione di come il cervello elabora la paura può aiutare non solo a sviluppare strategie di marketing più efficaci, ma anche a capire meglio noi stessi.

Capitolo 2.
Come usare la paura in modo etico?

2.1
I cinque pilastri dell'etica nel marketing della paura

Una delle tattiche più comuni nel marketing emozionale è la creazione di una situazione di urgenza o di necessità, che spinge i consumatori a prendere una decisione d'acquisto immediata per evitare conseguenze negative.

Questa tecnica può essere attuata attraverso la creazione di scenari spaventosi, sottolineando i rischi associati al non acquistare un prodotto o un servizio o evidenziando le potenziali perdite se non si agisce subito.

Qualche esempio? Gli spot pubblicitari che mostrano gli effetti di non avere una copertura assicurativa adeguata, con immagini di incidenti, catastrofi naturali o malori.

Allo stesso modo, le campagne di prevenzione delle malattie o di sensibilizzazione sull'importanza delle vaccinazioni usano spesso la paura come elemento centrale, così da spingere il pubblico a prendere provvedimenti per proteggere la propria salute e quella dei propri cari.

Per quanto riguarda il panorama politico, l'impiego del terrore come strumento di persuasione sull'opinione pubblica si è intensificato negli ultimi anni. I leader e i movimenti populisti, con crescente acume strategico, sfruttano le insicurezze dei cittadini per guadagnare consenso e legittimare le loro posizioni. Questo approccio spesso si traduce nell'alimentare tensioni sociali e divisioni, sfruttando temi sensibili come l'immigrazione, la sicurezza nazionale, i cambiamenti economici e i rischi ambientali. Sono strategie che si avvalgono di tecniche di comunicazione avanzate, inclusi i social media e altri canali digitali, per amplificare i messaggi e raggiungere un pubblico più vasto. Le narrazioni basate sulla paura vengono quindi utilizzate per creare un senso di urgenza, spingendo gli elettori verso scelte che, altrimenti, potrebbero non considerare. La comprensione di questo fenomeno è cruciale, non solo per analizzare le dinamiche politiche attuali, ma anche per sviluppare strategie di comunicazione che possano contrastare questa tendenza, promuovendo un dibattito pubblico più informato e meno polarizzato.

L'uso delle emozioni necessita di una gestione morale impeccabile: ecco, dunque, i cinque pilastri dell'etica nel marketing della paura.

1. **Chiarezza e trasparenza nella comunicazione.** L'informazione fornita deve essere autentica, libera da qualsiasi forma di inganno o esagerazione. I messaggi devono poggiare su solide verità, non su supposizioni o ipotesi non confermate.

2. **Dovere sociale.** Le aziende devono ponderare attentamente l'impatto delle loro campagne sulla società. Non possono permettersi di alimentare stereotipi o innescare un panico immotivato.

3. **Rispetto della dignità umana.** Nessuna campagna basata sulla paura deve sminuire o umiliare le persone. È fondamentale rispettare l'amor proprio e l'autonomia degli individui, promuovendo comportamenti positivi invece di indurre sensi di colpa.

4. **Consapevolezza del pubblico di destinazione.** Bisogna avere una profonda comprensione di chi sarà influenzato dai messaggi di un'azienda, e in quale modo verranno recepite le informazioni. È necessario prendere in considera-

zione le vulnerabilità delle diverse nicchie e assicurarsi che i contenuti veicolati siano pertinenti e sensibili.

5. **Accountability.** Nel mondo organizzativo, il concetto di accountability va ben oltre il semplice assumersi la responsabilità delle proprie azioni. Implica, infatti, che un'azienda sia capace di rispondere in maniera chiara e trasparente alle preoccupazioni espresse dal pubblico, dai clienti e dagli stakeholder.

Rispettare questi pilastri significa adottare un approccio etico in tutte le operazioni aziendali, così da incoraggiare un dialogo aperto e onesto. Gestire l'etica nel marketing della paura richiede un delicato equilibrio tra efficacia e responsabilità, tra il catturare l'attenzione del pubblico e il preservare la sua integrità.

2.2
Nel marketing strategico le emozioni sono potenti motori d'azione (di *Alberto Vercellotti*)

Le emozioni sono forti catalizzatori nel marketing strategico.

La paura, in particolare, si rivela un efficace strumento di comunicazione; tuttavia, applicare questa leva richiede un'analisi preliminare attenta, proprio perché è un mezzo comunicativo potente: è fondamentale che il suo utilizzo risulti allineato sia con i valori personali o aziendali sia con le aspettative e i bisogni del potenziale cliente.

Prima di giocare la carta della paura, occorre capire se la persona a cui vi rivolgete sa già di cosa state parlando. Se non lo sa, dovete fare un passo indietro, informarla e farle comprendere perché dovrebbe preoccuparsi. Questo richiede che voi conosciate bene cosa cerca il cliente e cosa può portargli il vostro prodotto o servizio.

Un esempio pratico? L'uso di campagne informative per aumentare la consapevolezza dei rischi per la salute in contesti specifici. Prendiamo lo sport: come promuovere la coscienza delle patologie cardiache in ambienti dilettantistici? Spesso, chi fa esercizio fisico a livello amatoriale non è informato sui pericoli che può correre se non si sottopone a un'adeguata prevenzione.

Se invece il cliente è già spaventato o preoccupato, il vostro compito diventa quello di tranquillizzarlo, rivelandogli che avete la soluzione giusta per il suo problema. Qui entra in gioco un lavoro di preparazione e di analisi strategica, per dimostrare che il vostro rimedio è il migliore perché diverso dagli altri sul mercato. Se non siete davvero convinti *voi* di ciò che fate, a cosa serve instillare paure nel cliente? Dovete risvegliare i fantasmi solo se siete in grado di affrontarli e sconfiggerli, altrimenti può succedere che il consumatore, una volta consapevole, si rivolga a realtà di cui si fida di più. Oppure, il che è peggio, si rivolga a voi ma non rimanga soddisfatto, vi chieda i soldi indietro, parli male del vostro servizio, insomma: tutto quello che non volete succeda mai nel vostro lavoro.

Prima di utilizzare la paura come strumento nel marketing, dovete considerare:

- i valori alla base della vostra attività o iniziativa;
- l'intento e lo scopo del messaggio;
- l'analisi approfondita del problema per sviluppare la migliore soluzione possibile.

Potete ragionare sulla leva della paura solo quando, sulla base della vostra esperienza, siete convinti di impiegare i migliori metodi per evitare che il cliente crei a sé o ad altri un problema o un danno.

Solo un'analisi strategica approfondita può garantire un approccio etico e costruttivo all'uso della paura nel marketing. Il trucco sta nel conoscere bene il cliente, capire le sue preoccupazioni e offrirgli una soluzione che lo faccia sentire al sicuro. È un po' come essere un amico che dà un consiglio sincero, anziché qualcuno che vuole solo vendere a tutti i costi. E alla fine, se fate le cose per bene, non solo aiutate il consumatore, ma fate anche crescere il vostro business in modo sano e onesto. E allora sì che un fine autentico può giustificare i mezzi.

<h2 style="text-align:center">2.3</h2>

Le tattiche per creare connessioni autentiche

Per impiegare le strategie del marketing emozionale in modo etico ed equilibrato, è necessario combinare diversi approcci al fine di incoraggiare comportamenti responsabili. È possibile, ad esempio, usare la paura come elemento di sensibilizzazione su temi importanti, ma occorre anche presentare soluzioni concrete e incoraggiare l'azione positiva per affrontare tali sfide. Per raggiungere questo obiettivo, si possono adottare varie tattiche:

1. **Analizzare il target**: comprendere le esigenze, le preoccupazioni e i valori dei consumatori è fondamentale per creare contenuti che generino empatia e fiducia.

2. **Personalizzare i messaggi**: adattare i contenuti alle specifiche esigenze del pubblico aumenta l'incisività del marketing emozionale e crea un legame più profondo tra il marchio e i consumatori.

3. **Utilizzare un mix equilibrato di emozioni**: sebbene la paura possa essere un motore potente per l'azione, è importante combinare questa emozione con altre, come la gioia, la sorpresa o la curiosità, per creare un'esperienza più coinvolgente e positiva ed evitare di provocare ansia.

4. **Realizzare contenuti di valore**: oltre a stimolare le emozioni, è fondamentale fornire informazioni utili e pertinenti che aiutino i consumatori a prendere decisioni consapevoli e a risolvere i problemi che affrontano.

5. **Essere trasparenti e onesti**: la fiducia è alla base di ogni relazione tra aziende e clienti, ed è quindi essenziale co-

municare in modo aperto e sincero, evitando di esagerare i benefici dei prodotti o di manipolare le emozioni.

6. **Monitorare l'impatto delle campagne**: raccogliere dati e feedback dai consumatori può aiutare le aziende a comprendere l'efficacia delle loro strategie di marketing emozionale e a identificare aree di miglioramento per ottimizzare i risultati.

Creare relazioni di valore con i clienti e un impatto positivo sulla società è possibile: l'importante è trovare un bilanciamento tra l'uso delle emozioni e la promozione di un approccio più olistico e autentico alla comunicazione.

2.4
L'arte della persuasione responsabile

In genere, la comunicazione che utilizza la paura (in inglese *fear arousing communication*) prevede, da una parte, una componente ansiosa derivante da una minaccia e, dall'altra, l'offerta di una soluzione facile e concreta, finalizzata ad allontanare la minaccia stessa. Quando viene impiegata nel modo giusto, può influenzare le opinioni, i comportamenti e le decisioni del pubblico. Tuttavia, è essenziale considerare alcuni aspetti chiave per garantire che il messaggio sia efficace.

Prima di tutto, il contenuto deve essere rilevante per le persone alle quali ci si rivolge. Se queste si sentono coinvolte e percepiscono che il messaggio riguarda la loro vita, è più probabile che prestino attenzione e agiscano di conseguenza. Inoltre, è cruciale fornire un'azione specifica che il pubblico possa intraprendere per affrontare la minaccia presentata. Non bisogna, però, suscitare eccessiva ansia. Un contenuto troppo allarmante può generare resistenza e scetticismo, portando le persone a ignorarlo o rigettarlo. L'obiettivo, invece, è quello di creare un equilibrio tra la serietà della situazione e la capacità del pubblico di affrontarla.

Sebbene la comunicazione basata sulla paura possa portare a cambiamenti di comportamento a breve termine, occorre tenere in considerazione gli effetti a lungo termine. Se le persone sono costantemente esposte a messaggi che suscitano timore, potrebbero diventare meno sensibili a tali contenuti nel tempo. Pertanto, è importante dosare l'impiego di queste strategie e valutare la loro efficacia con lungimiranza.

Infine, è indispensabile considerare l'impatto emotivo che un messaggio basato sulla paura può avere sui destinatari. Può causare stress, ansia o preoccupazione, quindi occorre bilanciare il grado di urgenza con la sensibilità del nostro target e le possibili conseguenze. Il consumatore viene spinto a provare emozioni forti: al momento di massimo coinvolgimento, gli viene suggerita una soluzione funzionale e rassicurante.

La prospettiva di una minaccia genera sempre una risposta immediata, per cui deve essere presentata in maniera adeguata rispetto al target di riferimento, prevedendo un livello di ansia adatto al pubblico da raggiungere. Per riuscirci, bisogna prima eseguire un *copy testing*, ossia un'indagine su un piccolo campione rappresentativo. Una volta testato il target, possiamo rifinire il contenuto e utilizzare le migliori strategie che ci mette a disposizione il marketing della paura. Le forme di minaccia che generano una risposta immediata sono principalmente tre:

- fisica;
- morale;
- sociale.

Analizziamole nel dettaglio.

Minaccia fisica. Si concentra sui pericoli per la salute e la sicurezza materiale. Nel marketing, viene adoperata per sottolineare i rischi reali o percepiti associati alla mancata adozione di certi comportamenti o all'utilizzo di specifici prodotti.

Campagne pubblicitarie in settori come la salute, la sicurezza personale, l'igiene e le assicurazioni spesso adottano questo approccio. Le pubblicità contro il fumo, per esempio, evidenziano i danni a lungo termine ai polmoni o il rischio di cancro, mentre quelle sulle assicurazioni auto possono sottolineare le conseguenze di incidenti stradali.

La campagna informativa sull'AIDS, commissionata dal Ministero della Salute nel 1990, è un esempio classico, con lo slogan "Se lo conosci lo eviti, se lo conosci non ti uccide", che articola chiaramente i rischi e fornisce soluzioni pratiche.

Minaccia morale. Si appella al senso di responsabilità etica e personale. Campagne che riguardano l'ambiente, la sostenibilità o la giustizia impiegano questa strategia per motivare il cambiamento.

Un esempio potrebbe essere una campagna che mostra gli effetti devastanti delle plastiche monouso sugli oceani e sulla biodiversità marina, stimolando nei destinatari il senso di colpa e la volontà di passare ad alternative più ecologiche. Si crea così una connessione emotiva con il pubblico, sfruttando l'innato desiderio di fare la cosa giusta.

Minaccia sociale. Si basa sulla paura del rifiuto, dell'isolamento o del giudizio negativo da parte degli altri. Campagne nel settore della moda, della bellezza e dell'igiene personale si avvalgono sovente di questa tattica.

Ad esempio, una pubblicità per un deodorante può giocare sul disagio di essere giudicati negativamente a causa di un cattivo odore, mentre le promozioni di prodotti di bellezza possono enfatizzare l'importanza dell'aspetto fisico per l'accettazione sociale. Questo tipo di minaccia sfrutta il bisogno umano di appartenenza e l'ansia di essere esclusi.

2.5
Pubblicità ansiogena vs marketing della paura

L'aggettivo "ansiogeno" e il concetto di paura sono strettamente correlati, ma presentano alcune differenze chiave. Una contingenza ansiogena riguarda principalmente elementi o situazioni che inducono ansia, un'emozione complessa che può manifestarsi in diversi modi. La paura, invece, è più intensa e immediata, scatenata da una minaccia reale o percepita.

Mentre l'ansia si caratterizza per un senso di apprensione prolungata, la paura si manifesta attraverso una reazione più acuta, che può innescare risposte fisiologiche e comportamentali mirate alla sopravvivenza. In altre parole, l'ansia può essere vista come un'emozione che anticipa un pericolo potenziale, mentre la paura subentra quando il pericolo è imminente.

Concentrarsi sulle differenze tra ansia e paura permette di comprendere meglio come gestire queste emozioni. Nel caso di un evento ansiogeno, potrebbe essere utile sviluppare strategie per ridurre lo stress e migliorare il senso di controllo personale. Al contrario, la paura richiede un approccio più diretto.

Esistono anche modalità di comunicazione che stimolano contemporaneamente paura e ansia. Di solito, incorporano due elementi chiave: una componente ansiosa, che rappresenta una minaccia per il benessere fisico o sociale, e una soluzione concreta e accessibile per allontanare tale minaccia.

Può sembrare complesso, ma questa tecnica è impiegata in molte pubblicità che vediamo ogni giorno in televisione o sui social. Un esempio tipico è costituito dagli spot di Save the Children: dapprima vengono mostrate le difficili condizioni in cui vivono i bambini nei Paesi in via di sviluppo, per poi proporre un numero di telefono o le modalità di donazione come soluzione, rassicurando lo spettatore e spingendolo all'azione. Il pubblico viene così guidato attraverso un percorso emotivo intenso: all'inizio si sperimentano forti emozioni legate alla paura e all'ansia, dopodiché, nel momento di maggiore coinvolgimento, viene presentata un'informazione rassicurante, tranquillizzante e risolutiva.

Un altro esempio di pubblicità che tocca il cuore è quella realizzata dalla BBH London per St John Ambulance, un'organizzazione benefica del Regno Unito. La campagna racconta la storia di una bambina che, purtroppo, perde la vita a causa di un semplice chicco d'uva incastrato nella gola, poiché nessuno intorno a lei sapeva come aiutarla. Il messaggio sottolinea l'importanza dell'informazione e della conoscenza delle manovre di primo soccorso, per impedire la perdita di troppe vite per una causa evitabile. Dopo aver mostrato queste immagini commoventi, St John Ambulance offre una soluzione concreta, invitando a chiamare e prenotare un corso di primo soccorso per prevenire altre tragedie simili.

Nel campo del marketing emozionale, la paura di danni fisici non è la sola a essere utilizzata. Talvolta, viene sostituita dalla preoccupazione di venire esclusi socialmente. I giovani, ad esempio, tendono a dare più importanza alla loro indipendenza che alla loro salute. Questo si riflette in comportamenti rischiosi come fumare, bere eccessivamente, guidare in modo distratto, non indossare le cinture di sicurezza o il casco. In Francia, nel 2010, l'organizzazione DNF (Diritti dei Non-Fumatori) ha avviato una provocatoria campagna che ha sollevato un notevole dibattito tra l'opinione pubblica. Al posto del consueto avvertimento trasversale riguardo ai danni del fumo sulla salute, la DNF ha preso di mira un'audience di giovani tra i quindici e i venticinque anni (poco interessata alle questioni mediche) e si è focalizzata sulle implicazioni sociali. In particolare, lo spot presenta situazioni di abuso, mostrando un gruppo di giovani in ginocchio con una sigaretta tra le labbra, vittime simboliche di violenze inflitte da un uomo che rappresenta l'industria del tabacco. Il messaggio trasmesso è chiaro: "Fumare non dà libertà, ma genera schiavitù e sottomissione", e mira a colpire l'identità sociale dei ragazzi a cui è indirizzato.

Il valore di una comunicazione persuasiva basata sull'etica

Pubblicità che creano ansia e paura possono attirare l'attenzione rapidamente, ma la loro influenza si esaurisce nel tempo. Per avere un rapporto duraturo con i clienti, bisogna usare anche altri metodi di comunicazione.

Perché una pubblicità basata sulla paura sia efficace, deve soddisfare tre funzioni principali:
1. veicolare un messaggio comprensibile nell'immediato;
2. essere memorabile grazie al suo impatto;
3. creare un legame emotivo, superando le barriere razionali.

Il marketing della paura funziona quando viene rivolto a un target specifico di cui si conoscono i desideri, i sogni, i problemi, le ansie, i timori, le difficoltà, i vantaggi e i benefici attesi (*gain point* e *pain point*[6]). Dopo aver individuato il pubblico analizzandone le caratteristiche, e dopo aver pianificato la strategia, bisogna concentrarsi sulla cura del copy.

Il copywriting della paura presuppone l'utilizzo etico di una leva emozionale molto potente, per cui bisogna seguire specifici accorgimenti. Una volta instaurato un clima di suspense e interesse nel vostro potenziale cliente, è il momento di proporre una soluzione che sia semplice, alla sua portata e autentica. Dovete essere convinti che il vostro prodotto possa attenuare le preoccupazioni, lo stress o l'ansia del destinatario, avendone verificato l'efficacia prima di proporlo.

La costruzione di una comunicazione persuasiva è fondamentale per suscitare emozioni che spronino all'azione, portando a incrementare le vendite. Il copy ideale basato sul

---

[6] Letteralmente "punti di guadagno" (*gain point*) e "punti di dolore" (*pain point*). I primi si riferiscono ai vantaggi che un cliente può ottenere dall'acquisto di un prodotto o servizio, i secondi riguardano un problema specifico o una difficoltà che sta vivendo il consumatore.

marketing della paura dovrebbe possedere tre caratteristiche fondamentali:

1. **Generare timore e insicurezza**: all'inizio si crea una sensazione di disagio reale (ad esempio l'idea di minacce per la salute invisibili a occhio nudo, come gli acari o altri agenti patogeni).
2. **Fornire indicazioni precise e dettagliate**: dopo la minaccia, si mettono a disposizione informazioni in grado di risolvere il problema, mitigare lo stress, dissipare l'ansia e restituire la tranquillità. Tali indicazioni devono suggerire un'azione che il potenziale cliente ritiene realizzabile e che costituisce la soluzione al suo dilemma.
3. **Rendere semplice attuare le indicazioni**: solo così possiamo garantire che gli utenti si sentano in grado di mettere in pratica le soluzioni proposte.

Dal punto di vista della scrittura e dello storytelling, un testo pubblicitario basato sulla paura deve poi soddisfare tre requisiti essenziali:

1. essere di facile comprensione;
2. utilizzare un linguaggio accessibile;
3. narrare una storia credibile.

Una comunicazione etica deve fondarsi su un problema reale, che possa toccare direttamente l'individuo. Deve presentare da un lato il problema, dall'altro una soluzione valida. Per realizzare tutto ciò, bisogna immedesimarsi nel target, identificare le paure più acute e i maggiori ostacoli percepiti, riflettere, fare ricerche e porsi domande. È anche necessario considerare le possibili conseguenze dell'azione proposta.

Nella comunicazione, è importante evidenziare benefici e vantaggi del vostro prodotto, proponendo immagini chiare, lineari, emozionali, vivide. L'obiettivo è creare e apportare valore reale, in un alternarsi di emozioni positive e negative.

Quali sono gli errori da evitare nel marketing della paura?

Le tecniche che stiamo analizzando sono estremamente efficaci, ma anche rischiose: come tutte le strategie più potenti, vanno maneggiate con cura. Vediamo, quindi, le reazioni che non dobbiamo mai provocare nel nostro pubblico.

Effetto boomerang: i consumatori reagiscono nella direzione opposta a quella voluta dalla campagna.

Stress: disagio psicologico dovuto al fatto che la minaccia percepita supera la capacità e i mezzi a disposizione per affrontarla.

Senso di colpa: invece di motivare all'acquisto, questo stato emotivo può spingere i destinatari del messaggio a rassegnarsi o a sfuggire al problema. Una campagna sulla salute, ad esempio, se mal gestita può trasmettere l'idea che ciascuno di noi è responsabile dei propri problemi psicofisici.

Apprensione: eccessiva preoccupazione per la propria incolumità, prolungata nel tempo.

Incorporare strategie di comunicazione efficienti significa adottare un approccio misurato, dove il riconoscimento delle sfide viene bilanciato dall'offerta di speranza. Bisogna comunicare con il pubblico in modo che le soluzioni siano percepite come alleate nella vita quotidiana, anziché come scelte imposte. Il nostro scopo è ispirare azioni positive, dimostrando comprensione senza ricorrere a tattiche che possano essere interpretate come coercitive. Promuovendo una relazione basata sulla fiducia e sul rispetto reciproco, si evitano le trappole della manipolazione e della vendita aggressiva. Attraverso una comunicazione che invita all'azione senza esercitare pressioni indebite, possiamo guidare i consumatori verso decisioni consapevoli, rispettando la loro autonomia. Sono accortezze che prevengono le reazioni negative e, nel contempo, rafforzano la connessione tra marca e consumatore, costruendo una base solida per relazioni di lunga durata.

Il messaggio di fear appeal deve stimolare un cambiamento positivo nella vita delle persone per farle agire in modo costruttivo, non deve causare reazioni negative (fughe, disagio psicologico, apprensione o sensi di colpa).

Non si può inventare un problema che non esiste spingendo i consumatori ad acquistare un prodotto inutile, di cui non hanno bisogno. Oltretutto, nessuno ama sentirsi dire cosa deve fare: il marketing non è uno strumento in mano a burattinai che possono decidere cosa si deve acquistare e cosa no, le persone vogliono *comprare* e non vogliono che *le cose siano loro vendute*!

2.8
Etica e legalità nel marketing della paura: il ruolo dell'AGCM e le linee guida sulla pubblicità ingannevole

In Italia esistono istituzioni preposte a garantire il rispetto dei limiti etici: una delle più rilevanti è l'AGCM (Autorità Garante della Concorrenza e del Mercato), meglio nota come Antitrust, istituita con la legge n. 287 del 10 ottobre 1990.

Si tratta di un'autorità amministrativa indipendente che, da un lato, mantiene vivo il regime di concorrenza e, dall'altro, rafforza la tutela del consumatore. Tra i vari compiti, protegge gli utenti in materia di pratiche commerciali scorrette, clausole vessatorie e pubblicità ingannevoli. In caso di violazioni della normativa, l'AGCM può erogare sanzioni fino a 5 milioni di euro. Ma cosa si intende per "pubblicità ingannevole"? Rispondere a questa domanda è fondamentale per capire fino a che punto il marketing della paura può essere etico o meno.

Le pratiche commerciali ingannevoli contengono dati non rispondenti al vero: l'informazione in sé può anche essere corretta, ma la comunicazione viene presentata in modo da indurre in errore il consumatore riguardo a certi prodotti o servizi, oppure crea un problema che non esiste.

I messaggi più efficaci sono quelli che instillano nelle persone un livello moderato di paura. Bisogna evitare gli estremi, in quanto potrebbero innescare l'effetto contrario rispetto agli obiettivi della vostra strategia di marketing. Se la minaccia è troppo grande, il consumatore tenderà a negare l'esistenza del problema esposto per scaramanzia o per tentare di razionalizzare il pericolo. Potrebbe rifiutare il messaggio, considerarlo esagerato, sbagliato, addirittura screditando il brand.

2.9
Save the Children: strategie etiche
nel marketing della paura

Un esempio particolarmente incisivo di "etica della paura" è rappresentato dagli spot di Save the Children (ne abbiamo già accennato nella sezione *2.5 Pubblicità ansiogena vs marketing della paura*), un'organizzazione non profit che usa specifiche strategie di comunicazione per evocare emozioni forti, sensibilizzare il pubblico e stimolare azioni concrete.

Le pubblicità di Save the Children presentano spesso immagini toccanti di bambini in situazioni di estremo bisogno, aree colpite da catastrofi, popolazioni in balia della povertà e della guerra. Si tratta di messaggi visivi potenti: evocano empatia, tristezza, talvolta angoscia, per stimolare una risposta immediata nello spettatore, che si traduce nel desiderio di agire, fare una donazione o supportare l'organizzazione in altro modo.

In molte occasioni creano un senso di disagio. Le immagini di bimbi affamati e malati, accompagnate dalla voce fuori campo, sono progettate per suscitare un'iniziale sensazione di malessere, per poi offrire una soluzione. Benché il rimedio non sia definitivo, mira comunque a smuovere la coscienza di chi guarda per il breve momento dello spot, inducendo a una donazione che crea un senso di tranquillità temporanea.

Le pubblicità in esame mirano a illuminare realtà difficili e a motivare le persone ad agire per il bene. È una forma di comunicazione che instilla un senso di urgenza, ma allo stesso tempo racchiude una speranza di cambiamento.

Gli spot di Save the Children dimostrano che il marketing della paura, se usato con responsabilità e sensibilità, è uno strumento utilissimo per mobilitare le coscienze e sensibilizzare su questioni importanti. Offrono lezioni preziose su come le organizzazioni possono approcciarsi a temi difficili, in modo che il messaggio sia coinvolgente e, al contempo, eticamente solido.

2.10
Le power words

Nel cervello umano, parole come "pericolo", "attacco" o "crisi" scatenano un immediato senso di sgomento: solo a sentirle pronunciare, compaiono nella mente immagini terrificanti che spingono ad agire per l'autoconservazione.

Se il timore così generato è eccessivo, paradossalmente può paralizzare anziché motivare, portando le persone all'inazione. È quindi fondamentale che il messaggio stimoli il potenziale cliente a credere di poter cambiare la situazione.

In un annuncio pubblicitario efficace basato sulla paura, è cruciale includere istruzioni specifiche e realizzabili, che consentano di mitigare la minaccia. Un esempio è dato dall'aumento delle iscrizioni ai corsi di autodifesa femminile in seguito ai recenti episodi di femminicidio; tali corsi sono visti come una preparazione a fronteggiare situazioni di pericolo.

Un altro esempio è il periodo iniziale della pandemia, quando l'ansia per il COVID-19 ha spinto le persone ad acquistare compulsivamente prodotti come l'Amuchina.

Ciò dimostra come la paura, unita ai concetti di scadenza e scarsità – tipici di frasi quali "offerta limitata" o "valido solo per oggi" – possa stimolare l'azione dei consumatori. Anche nel marketing politico si sfruttano queste strategie, sebbene spesso le soluzioni proposte siano solo apparenti e non offrano rimedi definitivi. Argomenti come l'immigrazione, la sicurezza nazionale e la criminalità vengono usati per alimentare il terrore, con promesse di cambiamento che possono non essere reali o sostenibili a lungo termine.

Le *power words* (parole di potere) nel marketing della paura, come "urgente", "limitato", "pericolo", sono pertanto selezionate per evocare una risposta emotiva al fine di stimolare l'azione o la decisione di acquisto; possono aumentare l'efficacia di un messaggio pubblicitario, ma devono essere usate con responsabilità etica per evitare di manipolare i timori del pubblico.

Gestire l'etica nel marketing della paura richiede un delicato equilibrio tra efficacia e responsabilità, tra il catturare l'attenzione del pubblico e il preservare la sua integrità.

Capitolo 3.
I segreti del neuromarketing

3.1
Emozioni sotto il microscopio:
i segreti del neuromarketing

Il neuromarketing rivela la forza dell'inconscio, dimostrando che siamo meno logici di quanto immaginiamo e che le nostre decisioni sono profondamente guidate dalle emozioni.

Gli specialisti di questa disciplina studiano i fattori che influenzano le nostre reazioni emotive, scoprendo come attivare paure e desideri celati in ognuno di noi. Utilizzano tali conoscenze per persuaderci a comprare i loro prodotti, manipolando le emozioni attraverso varie strategie, tra cui il marketing della paura (considerato il più efficace). Un neuromarketer, ad esempio, può evocare il timore di non essere abbastanza attraenti per vendere prodotti di bellezza, capitalizzando il bisogno di apprezzamento e il desiderio di piacere agli altri.

I neuromarketer non impiegano solo le parole per coinvolgere i consumatori e influenzare le loro decisioni, ma anche immagini, suoni e colori. Pensiamo agli *interior designer* o ai *visual merchandiser*, le figure che, tra le altre cose, selezionano le tinte per gli interni di un negozio. Questi professionisti, attraverso lo studio delle reazioni emotive e comportamentali dei clienti ai colori, creano un ambiente accogliente che invita le persone a trattenersi a lungo nel negozio e a fare più acquisti. È un approccio strettamente legato al neuromarketing, che pone le emozioni al centro delle sue analisi per capire come influiscono sulle decisioni di acquisto.

Un esempio pratico di applicazione potrebbe essere un'indagine che esamina come i consumatori reagiscono a diversi colori e stimoli sonori all'interno del negozio, valutando l'effetto di queste variabili sulla loro propensione all'acquisto. Ma non dimentichiamo, al di là delle strategie di marketing, che le sfumature e l'atmosfera del punto vendita devono sempre rimanere fedeli all'immagine del marchio e ai prodotti offerti.

Un ulteriore esempio è l'uso di musica rilassante nei supermercati, che incoraggia gli utenti a trascorrere più tempo al loro interno e, di conseguenza, ad acquistare di più. Allo stesso modo, le immagini di cibi appetitosi su un menu possono stimolare la fame e indurre a ordinare porzioni più abbondanti.

Questo processo di manipolazione emotiva è molto potente, perciò è anche importante, quando vestiamo i panni di consumatori, essere consapevoli di simili tecniche e di come incidono sulle nostre scelte.

3.2

Neuromarketing: le sei leve (più una) della persuasione

Parlando di neuromarketing, dobbiamo senza dubbio menzionare Robert Cialdini, psicologo statunitense riconosciuto in tutto il mondo per i suoi studi sulla persuasione e sulla comunicazione. È oggi docente di Psicologia e Marketing presso l'Arizona State University ed è autore del famoso libro *Le armi della persuasione*[7], in cui identifica sei leve principali della comunicazione persuasiva. Analizziamole insieme.

1. **Reciprocità.** Questo principio si basa sulla tendenza umana a voler ricambiare un favore o un gesto gentile. Se qualcuno ci fa un piacere, ci sentiamo naturalmente obbligati a restituirlo. È una leva usata spesso nel marketing, ad esempio quando le aziende offrono campioni gratuiti o sconti,

---

[7] Robert B. Cialdini, *Le armi della persuasione. Come e perché si finisce col dire di sì*, Giunti Psychometrics, Firenze 2022.

aspettandosi in cambio una sorta di "lealtà" da parte del consumatore.

2. **Impegno e coerenza.** Le persone tendono a essere coerenti con ciò che hanno detto o fatto in precedenza. Una volta che ci si impegna, verbalmente o per iscritto, nei confronti di un obiettivo, si è più propensi a perseguirlo. Ecco perché molte strategie di marketing incoraggiano i clienti a svolgere piccole azioni iniziali (compilare un questionario, partecipare a una call conoscitiva...), per poi richiedere impegni maggiori.

3. **Riprova sociale.** Gli esseri umani sono portati a osservare il comportamento degli altri per decidere cosa sia corretto o meno. Se vedono che molte persone stanno svolgendo un'azione, sono inclini a imitarle. Un esempio pratico è dato dalle recensioni dei clienti, che conferiscono popolarità ai prodotti.

4. **Autorità.** Tutti noi siamo propensi a seguire i consigli di figure che percepiamo come autorevoli. Questo è evidente in pubblicità che presentano esperti del settore o celebrità per promuovere un prodotto o un servizio.

5. **Simpatia.** Siamo inclini a farci influenzare da persone che ci piacciono o con cui ci identifichiamo. È una leva che sfrutta somiglianze personali, complimenti e una comunicazione amichevole per creare una connessione che può guidare le scelte d'acquisto.

6. **Scarsità.** Le opportunità o gli oggetti sembrano più preziosi quando la loro disponibilità è limitata. Questo principio gioca sull'idea che perdere qualcosa sia più impattante psicologicamente che guadagnarla, per cui le persone assegnano più valore a ciò che è raro o in via di esaurimento.

In aggiunta, Cialdini ha introdotto una settima leva, l'**Unità**, nel suo libro *Pre-suasione*[8]. Questo termine si riferisce al potere del

---

[8.] Robert B. Cialdini, *Pre-suasione. Un metodo rivoluzionario per influenzare e persuadere*, Giunti, Firenze 2022.

senso di appartenenza all'interno di un gruppo. Quando le persone si sentono parte di una comunità o condividono un'identità comune, sono più inclini a essere persuase.

3.3
Il marketing della paura al servizio del neuromarketer

La paura, come abbiamo più volte affermato, è un'emozione potentissima e fa parte dell'atavico meccanismo di sopravvivenza che guida le scelte dell'essere umano dall'inizio dei tempi. È una spinta automatica, irrazionale, irrefrenabile e al di là della nostra capacità di controllo.

Un neuromarketer comprende esattamente come funziona questo ingranaggio. Inizia mettendo in luce un problema, che può essere reale o percepito come tale, per catturare l'attenzione del consumatore. A volte, questo ostacolo viene creato o esagerato dal marketer stesso, attraverso tattiche come l'induzione di un senso di urgenza o la manipolazione delle informazioni.

Dopo aver catturato l'attenzione, si procede a intensificare e a "shakerare" la percezione del problema. Questo può essere fatto mostrando scenari di peggioramento o enfatizzando le potenziali conseguenze negative se la questione non viene affrontata. Infine, il marketer offre il rimedio: il prodotto o il servizio che sta promuovendo. La soluzione viene presentata come l'unica via di fuga, l'opzione più efficace per mitigare o risolvere la difficoltà, rendendo quasi irresistibile l'acquisto per il consumatore impaurito.

Poniamo il caso di un'azienda di prodotti per la cura della pelle che vuole lanciare una nuova linea di creme idratanti. Il titolare decide di affidarsi a un neuromarketer, che organizza un *focus group* di potenziali clienti e mostra loro diverse versioni di pubblicità per il nuovo prodotto, tutte con immagini, slogan o packaging differenti. Durante questo processo, il neuromarketer utilizza diversi metodi di rilevamento delle emozioni (ad esempio la lettura delle espressioni facciali) per capire quali versioni suscitano le risposte più positive. In questo modo, scopre che gli annunci che presentano la crema come "anti-invecchiamento" producono più riscontri positivi rispetto a quelli che la descrivono come "nutriente". Il feedback può quindi guidare l'azienda a commercializzare il prodotto come anti-invecchiamento, anziché come nutriente, aumentando il successo del lancio. È così che il marketing della paura sfrutta i nostri istinti più basilari per stimolare le vendite.

Tra tutte le leve a disposizione del neuromarketer, quella della paura fa vendere di più, poiché i timori generano ansia e spingono ad agire per eliminare il problema. Il cervello sotto stress cerca rapidamente una scorciatoia per uscirne, una soluzione per tornare a una condizione di tranquillità. Sono state effettuate numerose ricerche per comprendere il motivo per cui la paura induca i consumatori ad acquistare prodotti; in genere, questa emozione viene sperimentata dalle persone in base a due principali fattori:

1. **La percezione della vulnerabilità.** Questa sensazione si manifesta nella domanda: "Quanto potrebbe nuocermi questo pericolo?". Sentendoci vulnerabili, infatti, riteniamo che un certo rischio possa danneggiarci. Siamo spinti a cercare strumenti per proteggerci, ed è qui che il ruolo del marketer diventa fondamentale. Il suo compito è dimostrare come la soluzione offerta possa ridurre o eliminare il potenziale danno. L'obiettivo può essere raggiunto mostrando l'efficacia del prodotto nel gestire la minaccia. Se le persone non lo vedranno come un rimedio valido, non intraprenderanno alcuna azione e non sceglieranno di acquistarlo.

2. **La gravità percepita.** Risponde alla domanda: "Quanto mi farà male questo pericolo?". È il grado di danno o disagio che si ritiene un rischio possa causare. Un esempio concreto è il timore di diventare vittime di un furto, una minaccia reale e intimidatoria. Una soluzione chiara può essere il sistema di sicurezza che state vendendo. Tuttavia, la chiave più potente è dimostrare l'utilità del prodotto:

se riuscite a convincere il potenziale cliente che il vostro sistema di sicurezza è la risposta alla sua paura, è molto probabile che deciderà di acquistarlo.

3.4

Clickbait nel marketing della paura: uso e abuso. L'arte dei titoli responsabili

Il *clickbaiting*, ovvero l'uso di titoli accattivanti per attirare clic, può essere uno strumento funzionale al marketing della paura solo se impiegato con moderazione e responsabilità. L'obiettivo è creare un titolo che catturi l'attenzione e inviti alla lettura, senza però ingannare il lettore.

Un buon clickbaiting deve offrire un'anteprima accurata del contenuto, suscitando interesse senza ricorrere a esagerazioni e falsità. L'equilibrio è fondamentale. I titoli devono essere abbastanza stimolanti da attrarre, ma altresì abbastanza accurati da mantenere la fiducia di chi legge. Una frase che promette più di quanto il testo riveli può aumentare temporaneamente il traffico, ma alla lunga danneggia la reputazione del sito e la fiducia del pubblico. Gli utenti, una volta ingannati, sono meno propensi a interagire con contenuti futuri, anche se di qualità.

È importante, inoltre, monitorare come il clickbaiting influenzi il comportamento dei visitatori del sito. Analizzare i tassi di rimbalzo, il tempo di permanenza sulla pagina e i feedback fornisce indicazioni preziose sulla percezione degli articoli. Un titolo efficace dovrebbe non solo attirare clic, ma anche incoraggiare gli utenti a esplorare il sito in maniera più approfondita.

Tirando le somme, il clickbaiting nel marketing della paura può essere un'arma a doppio taglio. Usato correttamente, può aumentare il traffico e l'engagement; se esagerato, può danneggiare la reputazione e allontanare i lettori. Occorre trovare un equilibrio che rispetti l'intelligenza e la fiducia del pubblico, fornendo contenuti all'altezza delle aspettative create.

3.5
Lo stress incita all'azione

Tutti possono dover affrontare situazioni di stress in cui si sentono vulnerabili e minacciati. In tali momenti, il bisogno di trovare rimedi per gestire la difficoltà diventa imperativo. Un neuromarketer esperto sarà in grado di guidare il cliente verso il prodotto o il servizio che fornisce la soluzione più adeguata a seconda del contesto che sta vivendo.

Vediamo, quindi, i principali fattori che causano stress:
- salute;
- autoconservazione;
- incolumità;
- perdita;
- impulso a migliorare;
- rischio che una situazione possa peggiorare;
- rimpianto.

Alla base di tutti questi fattori c'è la paura, ovvero l'emozione che intensifica lo stress, incitando all'azione e spingendo verso una soluzione immediata. Di fronte a questo stimolo, il cervello cerca disperatamente una via di fuga.

Poniamo il caso di un esperto assicuratore che riesce a far capire al proprio cliente l'importanza della polizza Kasko: aggiungere qualche centinaio di euro oggi lo libererà dai problemi economici derivanti da un sinistro in futuro, anche in caso di colpa. In questo modo, avrà individuato una soluzione efficace per le minacce che l'automobilista affronta ogni giorno quando si mette alla guida.

Consideriamo, infine, un esempio reale: l'avvocato Marco Capello, dello Studio Legale Capello di Torino, sottolinea sempre: "È essenziale cercare la consulenza di un avvocato prima che si presenti un problema, non quando il problema è già emerso".

Il neuromarketing rivela la forza dell'inconscio, dimostrando che siamo meno logici di quanto immaginiamo e che le nostre decisioni sono profondamente guidate dalle emozioni.

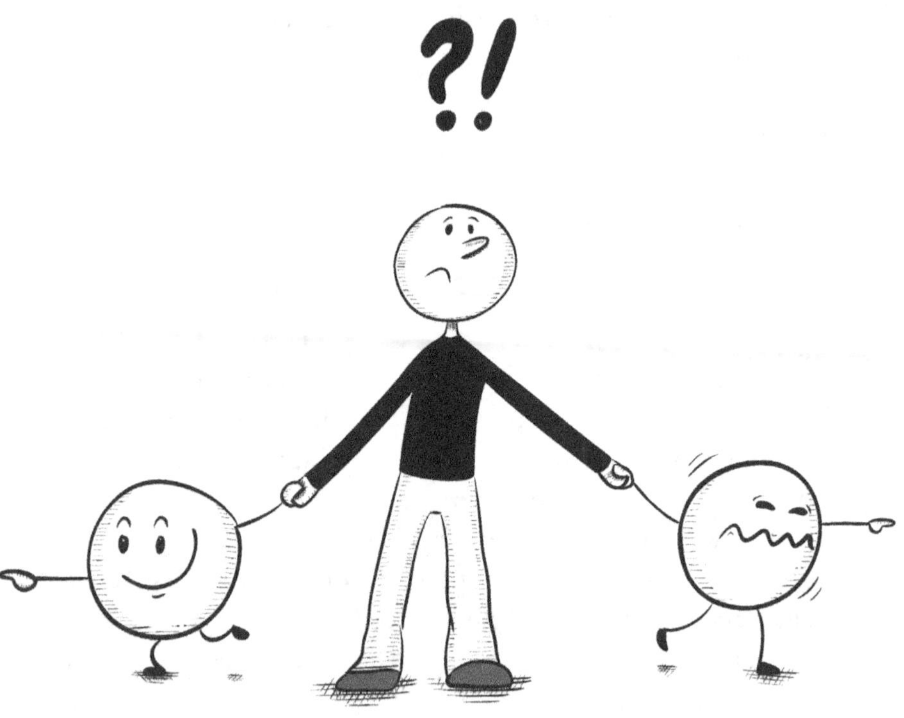

Capitolo 4.
Come possiamo sfruttare le leve emotive?

4.1
Quali sono le leve emotive del marketing?

Alla base del marketing emozionale, possiamo annoverare otto leve principali che impattano sul cliente quando si appresta a effettuare un acquisto.

1. **La fiducia**, senza la quale è impossibile concludere un processo di vendita. Presuppone l'interazione chiara e trasparente tra il cliente e il venditore. La possibilità di condividere testimonianze e recensioni positive non può che aumentare questo sentimento.

2. **Il valore** del prodotto o servizio offerto. L'azienda deve essere in grado di far comprendere la qualità di ciò che sta vendendo, in modo onesto, per invogliare i potenziali clienti all'acquisto.

3. **La community**, ovvero l'appartenenza a un gruppo. È un bisogno importante per l'essere umano, al punto che sin dall'antichità l'uomo viene definito, per sua natura, un animale sociale[9]. Molto spesso, l'acquisto è determinato dall'adesione a una community: ecco perché un brand dovrebbe stimolare nei clienti questo senso di identità.

4. **L'esclusività.** Nei confronti di prodotti unici, i consumatori sentono un forte desiderio di possesso. Le aziende

---

[9] Nel libro I della Politica, Aristotele definisce l'uomo "φύσει πολιτικὸν ζῷον", ovvero "essere sociale-politico per natura".

sfruttano questa leva offrendo edizioni limitate o esperienze esclusive, aumentando il valore percepito e stimolando la motivazione all'acquisto.

5. **La curiosità**, che sfrutta l'interesse umano per l'esplorazione di nuovi orizzonti. Attraverso messaggi che veicolano un'atmosfera di mistero e un senso di aspettativa, i marchi guidano i consumatori verso scoperte che culminano nella proposta d'acquisto.

6. **La gratificazione.** Viviamo in un mondo che predilige l'immediatezza, per cui offrire una gratificazione immediata è fondamentale. Strategie che promettono soddisfazioni e benefici rapidi creano un forte impulso all'azione.

7. **L'aspirazione**, che si basa sui desideri dei consumatori. Collegare prodotti a obiettivi personali o professionali crea una connessione emotiva, spingendo i clienti ad acquistare una determinata merce per realizzare i propri sogni.

8. **La paura**, come sappiamo tra le emozioni più forti, per la quale i consumatori sono portati a fare rinunce e investire su un prodotto.

Soffermiamoci sull'ultima leva. Il rendimento della paura si ottiene facendo capire al cliente che l'offerta proposta può aiutarlo a superare le sensazioni negative che lo bloccano, risolvendo il suo problema. Il timore diventa un fattore determinante soprattutto in tempi di crisi, come abbiamo visto durante la pandemia. Può spingere a comprare compulsivamente generi di prima necessità e "beni rifugio", ovvero quei prodotti che tendono a mantenere o addirittura aumentare il loro valore in tempi di incertezza economica. Si verifica così una corsa all'oro, agli immobili o alla merce a lunga conservazione. Un comportamento dettato dalla paura di perdere potere d'acquisto e dalla necessità di proteggersi dalle incertezze future.

Come possiamo innescare la leva della paura?

Il meccanismo della paura si attiva amplificando le preoccupazioni quotidiane e trasformandole in stimoli all'azione. Vediamo subito un esempio per chiarire meglio questa strategia.

Ricordo che, diversi anni fa, un collega mi raccontò di aver lavorato per un'azienda di antifurti che proponeva i prodotti porta a porta. Una tecnica poco professionale, ma apparentemente efficace, veniva utilizzata durante le presentazioni ai clienti. Dopo aver illustrato le caratteristiche dell'antifurto, a un certo punto della trattativa, il venditore apriva un quaderno. Al suo interno, appoggiati sulla pagina sinistra, c'erano dei moduli; con la scusa di prenderli per compilarli, mostrava anche uno stralcio di giornale incollato sulla pagina destra. Era un articolo di cronaca, con un titolo forte e ben in evidenza, che riportava episodi di furti in appartamenti. Il venditore lasciava il quaderno aperto giusto il tempo necessario perché il cliente leggesse il titolo: una tattica che, pur essendo poco etica, spingeva molte volte il cliente all'acquisto (N.B. Oggi sconsiglio vivamente di compiere azioni persuasive di questo genere!).

Consideriamo un altro esempio nell'ambito della pulizia domestica. Un messaggio che sfrutta la paura può enfatizzare il pericolo rappresentato dai batteri, in questo modo:

"I batteri, nemici invisibili e insidiosi, invadono il tuo spazio vitale. Sono causa di allergie, infezioni e faringiti, e potrebbero colpire anche i tuoi cari. Pensa ai rischi: malattie gravi come meningite o tubercolosi non sono da sottovalutare. Questi microrganismi si annidano ovunque, e una singola cellula può generare milioni di nuove cellule in poche ore".

È un messaggio che non solo evidenzia il pericolo, ma lo rende immediato e tangibile. Il riferimento a malattie serie come la meningite o la tubercolosi serve a intensificare l'ansia. Subito dopo proponiamo la soluzione:

"Vuoi davvero esporti a questi rischi? Non sarebbe meglio optare per uno spray in grado di eliminare il 99% dei batteri, a soli 10 euro?".

Offrendo un rimedio semplice e accessibile a un problema appena sollevato, il marketing della paura spinge a una reazione repentina, motivata dal timore di conseguenze negative.

E ancora, volendo rafforzare il messaggio:

"Gli acari morti con i loro escrementi pesano per il 10% sul tuo cuscino".

Paura, disgusto e ansia; ma ecco la soluzione:

"Il nostro coprimaterasso antiacaro, completo di federe per cuscino, riduce i sintomi allergici causati dagli acari della polvere".

Prendiamo ora in considerazione la sicurezza online. Un messaggio di marketing efficace che sfrutta la paura potrebbe evidenziare i pericoli del furto d'identità:

"Cybercriminali in agguato, pronti a rubare i tuoi dati personali e bancari. Immagina di accedere al tuo conto e scoprire che i risparmi di una vita sono spariti. Ogni giorno, migliaia di persone diventano vittime di frodi online, con conseguenze devastanti sulla loro vita finanziaria. La minaccia è reale e sempre in agguato".

Questo messaggio sottolinea il rischio concreto di un problema molto attuale. Enfatizza la frequenza e la gravità del furto d'identità, rendendo il pericolo tangibile. A questo punto si fornisce il rimedio:

"Vuoi proteggerti da questi rischi? Scegli il nostro antivirus avanzato, che offre una protezione completa per soli 10 euro al mese. Non lasciare che i tuoi dati personali cadano nelle mani sbagliate".

In questo modo, il marketing della paura non si limita a informare sui pericoli, ma influisce direttamente sulla psiche, sfruttando preoccupazioni esistenti per incitare all'acquisto.

Un altro annuncio può essere formulato così:

"Per il tuo neonato, preferisci un cuscino standard o uno anti-soffocamento?".

Posta così, la scelta per i genitori in attesa di un bambino appare ovvia e la risposta sarà sicuramente quella attesa.

Prendiamo, poi, un caso nel settore del noleggio auto:

"Un'automobile noleggiata ha un costo giornaliero di 70 euro con le assicurazioni standard, che prevedono una franchigia di 700 euro in caso di atti vandalici o di incidente in cui si è ritenuti responsabili. Tuttavia, con soli 19 euro in più al giorno, le franchigie si azzerano in ogni circostanza, anche in caso di sinistro senza veicolo identificato!".

È un copy che sfrutta il timore di incorrere in perdite finanziarie inaspettate, offrendo una copertura totale che mette al riparo da eventuali costi aggiuntivi.

Sempre in ambito automobilistico:

"Se cerchi la sicurezza per te e la tua famiglia, scegli di includere gli airbag laterali nella tua auto nuova. Il prezzo di listino è 900 euro, ma influiranno sulla rata del tuo finanziamento per soli 7 euro al mese. Ricorda: in caso di incidente, gli airbag laterali possono salvarti la vita".

Fare leva su paure legate a pericoli e minacce reali rientra nel marketing efficace, quello più sano, che ha lo scopo di motivare le persone ad acquistare, donare o mobilitarsi per la propria sicurezza. Bisogna suscitare il giusto livello di ansia e timore per realizzare una campagna pubblicitaria proficua. Se si va oltre, giocando su un problema creato ad hoc per vendere prodotti di cui il pubblico non ha bisogno, l'etica viene meno. Le tecniche manipolative, non dimentichiamolo, possono causare seri danni alle persone più fragili.

4.3
FOMO marketing: l'arte di creare urgenza

La tecnica di vendita denominata FOMO (acronimo di *Fear of Missing Out*, ovvero "paura di rimanere fuori") è una valida alleata della nostra strategia di marketing. È il timore di essere esclusi da un'opportunità di cui stanno approfittando tutti gli altri, per cui si crea un senso di *urgenza* e *necessità*. L'ansia di perdersi qualcosa di importante è una potente leva psicologica per persuadere e vendere di più. Per capirne la portata, analizziamo qualche esempio concreto.

Amazon organizza un evento annuale di vendite chiamato Prime Day, riservato ai membri Prime. Durante queste giornate, è possibile usufruire di sconti e offerte limitate nel tempo: i clienti sono persuasi a fare acquisti rapidamente per non perdere l'occasione. In modo analogo, il Black Friday e il Cyber Monday sono occasioni di shopping molto popolari, in cui i rivenditori offrono sconti significativi per un periodo circoscritto. Questo espediente genera un clima di competizione tra gli utenti, che si affrettano ad acquistare i prodotti prima che terminino le offerte.

Le aziende di moda e cosmetici, come Supreme o MAC Cosmetics, rilasciano spesso edizioni limitate o collezioni a tempo per i loro prodotti. Si induce un senso di urgenza tra i consumatori, che si affrettano a comprare la merce prima che vada esaurita.

Le compagnie aeree e gli operatori turistici sono soliti promuovere offerte sugli ultimi posti disponibili per voli o pacchetti vacanze. All'inizio del novembre 2023, GNV (Grandi Navi Veloci), la nota compagnia navale di traghetti, ha lanciato una campagna di quindici giorni – fino all'esaurimento dei biglietti a disposizione – creando un'atmosfera di urgenza irresistibile. Offrendo l'opportunità di comprare i biglietti per le vacanze di agosto 2024, Grandi Navi Veloci ha proposto uno sconto del 40% sul prezzo totale. Questa strategia incita gli utenti ad affrettarsi all'acquisto per garantirsi un considerevole risparmio, sfruttando la paura di perdere un'occasione tanto vantaggiosa. La necessità di prenotare con largo anticipo, la finestra temporale e la quantità limitata di biglietti concorrono all'efficacia della strategia.

Gli influencer sui social media creano la FOMO condividendo contenuti esclusivi, anticipazioni di prodotti o rivelazioni di eventi a cui parteciperanno. I follower, temendo di perdere opportunità uniche, si sentono spinti a interagire con il testimonial.

Questi sono solo alcuni esempi di come le aziende usano il marketing della FOMO per stimolare l'interesse e le vendite.

È una strategia talmente valida da essere impiegata da grandi società in vari settori, ma anche da importanti istituzioni in tutto il mondo, per generare enormi profitti. Alcune aziende leader che la utilizzano? Apple e Nike, non certo nomi da poco! Se ci soffermiamo ad analizzare le loro tecniche di marketing, ci accorgiamo che creano un'aura elitaria intorno ai loro prodotti, limitando la disponibilità o lanciando edizioni speciali, al fine di stimolare il desiderio nei consumatori. In questo modo, convincono le persone ad acquistare i loro articoli per riuscire a possedere qualcosa di prestigioso.

Una delle caratteristiche più importanti del marketing basato sulla FOMO è l'effetto dell'influenza sociale[10], in cui le persone tendono a seguire le scelte di amici, familiari e influencer. Un fenomeno amplificato dai social media, dove i consumatori condividono le loro esperienze, facendo sentire gli altri inadeguati perché si stanno perdendo qualcosa di importante. È così che la FOMO influisce sul comportamento d'acquisto e spinge le persone a prendere decisioni più rapide, meno razionali. Quando esce un nuovo modello di iPhone, i patiti dell'*hi-tech* si accalcano fuori dagli Apple Store per aggiudicarsi un oggetto che li fa sentire parte di una tribù. Lo stesso succede per il lancio di un paio di Nike Air Jordan in edizione limitata. Attendere

[10.] Provata dal cosiddetto "esperimento di Asch", condotto nel 1951 dallo psicologo polacco Solomon Asch.

il proprio turno fuori dai Nike Store è il rituale di chi ha paura di "restare fuori" e, perciò, intende accaparrarsi a tutti i costi un certo status sociale da calzare ai piedi.

Il marketing della FOMO può adattarsi a qualsiasi settore ed essere usato anche da grandi investitori internazionali (Bitcoin è uno di essi). I brand che impiegano maggiormente questa strategia sono legati a settori come salute, igiene, assicurazioni, sistemi di sicurezza, politica, investimenti, bellezza... ma ciò non toglie che si possano trovare tattiche ad hoc per altri ambiti: l'importante è studiare bene i gain point, dopodiché una "breccia" su cui fare leva si trova sempre.

4.4

Come creare scarsità e urgenza lavorando con il contenuto e il copy?

Nella nostra epoca, lo sappiamo, l'attenzione dei consumatori è sempre più difficile da catturare. Per questo le tecniche di marketing che creano un senso di urgenza e scarsità sono diventate così potenti. Se implementate correttamente nell'ambito del copywriting, possono trasformare un interessamento casuale in una decisione d'acquisto pressoché immediata.

In questo capitolo, vedremo come l'adozione di specifiche strategie comportamentali giochi un ruolo cruciale nel persuadere i consumatori ad agire rapidamente, sfruttando la naturale inclinazione a non lasciarsi sfuggire le opportunità.

Mostrare il comportamento degli altri utenti, con frasi come "Venti clienti hanno acquistato questo prodotto" o "Trenta persone stanno osservando l'offerta in questo momento", lavora sulle corde emotive del consumatore. Pensate, per esempio, a quando navigate su siti come Booking o Expedia. Se, durante la fase di check-in, indugiate nel selezionare la stanza desiderata, il sistema – quasi in maniera subdola – inizia a manipolare le vostre percezioni, inculcando il senso di urgenza e scarsità.

Sono tattiche che velocizzano il processo decisionale del consumatore. "Resta un solo giorno", "qualche ora", "solo pochi pezzi": il cliente che non vuole perdere l'affare è pronto ad acquistare. Questa strategia va gestita con criterio, senza abusarne, perché le persone detestano i brand che mentono sulla scarsità dei loro prodotti (finché non viene alla luce la verità). Sfruttarla in modo eccessivo potrebbe mettere in discussione la vostra credibilità, quindi prestate molta attenzione.

Sempre giocando sul timore della perdita, potrete ispirarvi per riscrivere i contenuti dei vostri piani di marketing. La narrazione è la modalità più forte per coinvolgere i consumatori: lo storytelling è alla base di una comunicazione emozionale adatta a veicolare le informazioni. Deve spaventare, suscitare ansia e paura andando a toccare un problema o una minaccia reale e, allo stesso tempo, fornire una via di fuga, suggerimenti e istruzioni per arrivare all'eliminazione del problema.

Nella proposta di una soluzione, l'efficacia risiede nel timbro ottimistico dei messaggi conclusivi. Nella parte finale del nostro contenuto, è più persuasivo dichiarare: "Smettendo di fumare, la tua qualità di vita si eleverà del 70%" anziché "Il fumo provoca il cancro" o "Il fumo porta alla morte". Invece di dire "Mangiare troppo zucchero può portare al diabete", è bene sottolineare che "Ridurre lo zucchero nella tua dieta migliorerà la tua salute e diminuirà il rischio di diabete". Piuttosto che scrivere "Lo stress può causare problemi di salute" potete proporre: "Praticare tecniche di rilassamento contribuirà a migliorare la tua salute fisica ed emotiva". Al posto di dire "Una vita sedentaria può portare a problemi cardiaci" puntate su "Aggiungere regolare attività fisica alla tua routine potenzierà la tua salute cardiaca e il tuo benessere generale".

Il potere delle parole ha un grosso peso sul marketing della paura: non è importante soltanto *come* le utilizziamo ma anche e, soprattutto, *quali* utilizziamo e in quali contesti per far presa sugli acquirenti.

Quali sono le aziende che sfruttano il marketing della paura?

Le compagnie assicurative, la politica in senso lato e le aziende che vendono sistemi di sicurezza per la casa agiscono con l'obiettivo di proteggere i consumatori e metterli in guardia *prima* che i problemi si verifichino. Nondimeno, analizzando più a fondo le motivazioni di vendita in (quasi) ogni categoria merceologica, si possono individuare ampie opportunità per sviluppare strategie basate sul marketing della paura. Le industrie farmaceutiche ne sono un esempio: promuovono vaccini e farmaci sia per prevenire sia per curare le malattie, enfatizzando il rischio per la salute nel caso in cui non si prendano precauzioni o non si intervenga tempestivamente.

Pensiamo, poi, ai prodotti da banco, studiati per affrontare malanni comuni e non rischiosi, mettendo in risalto il potenziale disagio se non si agisce in modo rapido. Gli spot sono abilmente costruiti con immagini di persone che superano i fastidi di un raffreddore grazie a un decongestionante, o che si godono una giornata primaverile senza il tormento delle allergie grazie a un antistaminico. L'industria farmaceutica, inoltre, utilizza leve motivazionali come l'anticipazione di un futuro senza fastidi, la promessa di un sollievo immediato e la rassicurazione di sentirsi protetti. Questa combinazione di paura e speranza è estremamente potente nello stimolare le persone all'azione, ovvero all'acquisto dei prodotti offerti. È un settore che investe anche nell'educare e informare il pubblico, spiegando nel dettaglio come funzionano i farmaci. Costituisce un esempio eccellente di come un marketing basato sulla paura possa non solo guidare le vendite, ma anche migliorare la qualità della vita quotidiana.

Il settore dei viaggi è un altro campo in cui il marketing della paura viene usato con profitto. Nella frenesia degli aeroporti, i servizi di imballaggio dei bagagli emergono come una chiara manifestazione di questa strategia. Posizionati nei punti di check-in, sfruttano l'ansia dei viaggiatori per la sicurezza dei loro bagagli. La promozione pone l'accento sulla protezione dei beni personali, con pubblicità che mostrano scenari di valigie aperte o danneggiate. Questo stimola nelle persone il timore di perdere oggetti di valore, rendendo l'imballaggio una misura percepita come necessaria. L'enfasi è posta sulla promessa di "pace mentale", offrendo così un modo per viaggiare senza preoccupazioni a un costo relativamente basso. Ancora una volta è necessario mantenere un approccio etico, evitando di creare un senso di pericolo ingiustificato. La chiave è fornire una soluzione reale a un timore genuino, senza oltrepassare la linea sottile tra informazione e manipolazione. Per chiarire il concetto, consideriamo la seguente offerta:

"Pacchetto vacanze in Kenya per dieci giorni, comprensivo di volo aereo, trasferimento, soggiorno, pasti e bevande all inclusive, due escursioni, assicurazione di viaggio e assicurazione in caso di annullamento, a un prezzo totale di 3500 euro. Posti limitati!".

Il messaggio sfrutta l'apprensione di perdere un'occasione imperdibile; è molto più efficace rispetto a dettagliare le singole voci, che alla fine portano a un prezzo finale magari più basso. Il consumatore, di fronte a un'offerta completa, sente l'urgenza di agire per non lasciarsela sfuggire. La paura della perdita spinge a decisioni repentine, preferendo un'opzione *tutto incluso* che elimina ogni possibile fonte di incertezza.

Analogamente, nel marketing di un prodotto o servizio sia online che offline, l'approccio del "tutto incluso" può essere decisivo. Spesso gli utenti preferiscono pagare di più ma avere un unico pacchetto, anziché confrontarsi con eventuali costi aggiuntivi non controllabili da clausole accessorie. Parole come "all inclusive" fanno da scorciatoia per il nostro cervello nella fase decisionale: la mente cerca soluzioni rapide, semplici e schematiche; piccole complicazioni possono dissuadere dalla transazione. Ad esempio, in un sito di e-commerce, il dilemma non è tanto nel costo totale di dieci bottiglie di vino a 20 euro l'una, quanto nel trovare spese di spedizione inaspettate al momento del check-out. Queste quote aggiuntive possono essere percepite come un ostacolo e portare all'abbandono del carrello. Per mitigare il problema, si possono adottare due strategie: comunicare fin dall'inizio che l'acquisto superiore a una certa soglia prevede la spedizione gratuita, o distribuire il costo dell'invio in modo che non superi una percentuale significativa del totale. È consigliabile mantenere la quota entro una soglia del 10-15% dell'importo, per evitare il rischio di abbandono del carrello.

Proviamo ora ad applicare il marketing della paura a un settore ancora diverso, ovvero l'industria alimentare. Se abbiamo un'azienda che vende prodotti biologici certificati, possiamo lavorare sui gain point del mangiare sano, genuino e naturale:

1. **Salute**: i prodotti biologici sono privi di pesticidi, sostanze chimiche e OGM, fattore che riduce l'esposizione a sostanze nocive.

2. **Gusto**: molti consumatori affermano che il cibo biologico ha un sapore migliore rispetto a quello non biologico, poiché viene coltivato senza l'uso di sostanze chimiche che alterano gli aromi.

3. **Ambiente**: la produzione biologica è più rispettosa del territorio, poiché riduce l'inquinamento del suolo e dell'acqua, protegge la biodiversità e promuove pratiche agricole sostenibili.

4. **Rispetto per gli animali**: l'allevamento biologico tende a garantire migliori condizioni di vita al bestiame, con pratiche etiche che ne rispettano il benessere; il consumatore, quindi, sente di dare un contributo di valore alla salvaguardia degli animali.

5. **Supporto all'economia locale**: acquistando prodotti biologici si possono sostenere l'agricoltura locale e i piccoli

produttori, contribuendo al mantenimento di una filiera corta e al rafforzamento dell'economia a chilometro zero.

Tra i gain point indicati, i punti 1 e 3 sono quelli che lavorano di più sull'effetto paura, ma senza darle nessuna connotazione catastrofica. Anzi: con queste informazioni i consumatori avranno una consapevolezza in più!

4.6
Come può aiutarci l'intelligenza artificiale con ChatGPT?

La recente introduzione di tecnologie come l'intelligenza generativa di ChatGPT ha aperto nuove frontiere nel campo della comunicazione e del marketing. Questi strumenti non solo facilitano la creazione di contenuti, ma offrono anche approcci innovativi per coinvolgere e persuadere il pubblico.

ChatGPT può generare testi adatti a vari stili, conformandosi al tono e al messaggio che le aziende desiderano trasmettere. La sua flessibilità e la facilità d'uso permettono di creare una vasta gamma di contenuti, dai post sui social a campagne pubblicitarie complesse, fino alla formulazione di e-mail, analisi sulle tendenze di mercato, testi di supporto tecnico, gain point e pain point di ogni singolo settore. Interrogando la piattaforma in maniera adeguata, si possono ottenere migliaia di informazioni.

Con ChatGPT, i marketer hanno ora uno strumento per muoversi con precisione lungo la linea sottile tra l'efficacia e l'etica nel marketing della paura. La capacità dell'intelligenza generativa di produrre messaggi bilanciati consente di creare campagne che colpiscono con il giusto equilibrio: sfruttano le preoccupazioni dei consumatori, senza però cadere in tattiche manipolative.

Nonostante la portata delle sue capacità, però, è bene ricordare che questo strumento non è una bacchetta magica miracolosa. Spesso i suoi output richiedono ulteriori modifiche; a volte è necessario riformulare i prompt o le domande e, soprattutto, è essenziale avere una conoscenza di base delle dinamiche del copywriting. È un po' come possedere un'auto dotata di sensori di ultima generazione senza avere la patente B: l'elettronica può essere di grande aiuto per muoversi sulla strada, ma per poter usare il veicolo occorre innanzitutto saperlo guidare!

Prima di esaminare qualche esempio pratico di utilizzo, va precisato che questo strumento presenta delle linee guida molto stringenti riguardo all'uso di determinate parole, poiché è fortemente orientato al rispetto, alla neutralità e all'evitare contenuti offensivi. A volte, quindi, di fronte a espressioni come "marketing della paura", il sistema potrebbe non restituire gli output sperati. Queste situazioni si possono facilmente risolvere rigenerando la risposta o modificando il prompt (per esempio, aggiungendo rassicurazioni quali "esprimiti in modo etico e senza utilizzare un tono eccessivamente minaccioso").

Di seguito fornirò alcuni esempi concreti di prompt che sfruttano con efficacia il marketing della paura in diversi settori. Prendendoli a modello, sarete in grado di svilupparne di simili per il vostro business. Li potrete copiare, incollare e personalizzare a vostro piacimento, per ottenere risultati eccellenti in termini di contenuti adatti ai vostri obiettivi.

Antivirus per PC

"Crea un testo pubblicitario intensamente persuasivo per promuovere il nostro software antivirus, focalizzandoti sulla minaccia sempre più presente di attacchi informatici quali virus, malware, ransomware e phishing. Usa un tono fortemente allarmante e diretto per creare un senso di urgenza immediata, sottolineando scenari specifici dove la mancanza di una protezione antivirus adeguata può condurre a disastri digitali: furto di identità, perdita irreparabile di dati preziosi, compromissione di informazioni finanziarie sensibili e rischio di attacchi mirati come il phishing. Enfatizza la sofisticatezza crescente dei cybercriminali e come il nostro antivirus, con le sue funzionalità avanzate di rilevamento in tempo reale e difese multilivello, sia essenziale per contrastare queste minacce. Invita il lettore a riflettere sulla propria vulnerabilità digitale e sull'importanza di agire immediatamente per proteggere non solo i propri dispositivi, ma anche la propria identità e privacy online. Assicurati che il testo sia scritto con grammatica impeccabile, una struttura chiara e una sintassi efficace, per trasmettere il messaggio con il massimo impatto possibile."

 **Un prompt studiato per...** catturare l'attenzione del lettore, segnalando i rischi associati alla mancanza dell'antivirus e illustrando il valore del prodotto.

Assistenza legale

"Redigi un annuncio pubblicitario approfondito per il nostro servizio di assistenza legale, puntando l'attenzione sull'essenzialità della prevenzione legale nel mitigare e prevenire problemi giuridici complessi. Inizia con la presentazione di scenari concreti in cui piccole negligenze legali, come contratti non adeguatamente esaminati o ignoranza delle normative in vigore, possono evolvere in dispute legali onerose e prolungate. Utilizza un tono informativo ma incisivo per illustrare come queste situazioni potrebbero facilmente essere evitate attraverso consulenze preventive e strategie mirate. Evidenzia il nostro approccio proattivo nella gestione delle questioni legali, mostrando come il nostro team di avvocati esperti possa offrire una vasta gamma di servizi, inclusa la revisione e l'elaborazione di contratti, la consulenza su conformità normative e leggi in continuo cambiamento, e strategie di mitigazione del rischio. Sottolinea il principio 'meglio prevenire che curare', mostrando che, con la giusta assistenza legale preventiva, persone e aziende possono proteggere i propri interessi e operare con maggiore sicurezza e conformità legale. Assicurati che il testo sia espressivo, convincente e grammaticalmente corretto, per comunicare in modo chiaro il valore e l'importanza dei servizi legali offerti dal nostro studio."

 **Un prompt studiato per...** mettere in risalto il valore dell'assistenza legale preventiva e il ruolo degli avvocati nell'aiutare i clienti a muoversi in modo sicuro nel panorama normativo, evitando problemi giuridici futuri.

Centro di dimagrimento

"Sviluppa un annuncio pubblicitario coinvolgente per il nostro centro di dimagrimento, focalizzandoti sulle serie implicazioni per la salute associate all'obesità e al sovrappeso, quali malattie cardiache, diabete di tipo 2, ipertensione, e una serie di altri disturbi potenzialmente pericolosi per la vita. Usa un tono serio e allarmante per sottolineare l'importanza vitale di mantenere un peso corporeo sano e i pericoli di trascurare la propria salute fisica. Illustra come i nostri programmi di dimagrimento personalizzati, che includono piani nutrizionali su misura e regimi di esercizio fisico adeguati alle esigenze individuali, possano aiutare i nostri clienti a raggiungere e mantenere un peso salutare. Metti in evidenza storie di successo e testimonianze di chi ha già trasformato la propria vita grazie ai nostri servizi, enfatizzando come un approccio guidato e supportato possa fare la differenza nel lungo termine. Invita il lettore a riflettere sull'importanza di agire ora per prevenire complicazioni future alla salute e per migliorare significativamente la qualità della propria vita, sottolineando che il nostro centro offre non solo un percorso verso il dimagrimento, ma un viaggio verso un benessere generale e una vita più lunga e soddisfacente. Assicurati che il testo sia persuasivo, ben strutturato e grammaticalmente impeccabile, per trasmettere un messaggio sia informativo che motivante."

 **Un prompt studiato per...** sottolineare la gravità dei rischi per la salute associati a sovrappeso e obesità, ma nel contempo presentare il centro di dimagrimento come una soluzione efficace per affrontare queste sfide.

Formazione e aggiornamento professionale

"Elabora un testo pubblicitario incisivo per promuovere i nostri corsi di formazione e aggiornamento professionale, concentrandoti sul panorama del mercato del lavoro, che è in rapida evoluzione e sempre più competitivo. Inizia delineando come le nuove tecnologie, i cambiamenti nelle pratiche di lavoro e le aspettative in continua evoluzione stiano ridefinendo le competenze necessarie in molti settori. Usa un tono allarmante e diretto per illustrare il rischio reale di diventare obsoleti professionalmente a causa della mancanza di aggiornamento, sottolineando come questa mancanza possa portare a perdere opportunità di carriera significative e a essere superati da colleghi più aggiornati e tecnicamente competenti. Evidenzia specificamente come i nostri corsi, con i loro contenuti aggiornati e le metodologie di insegnamento all'avanguardia, siano progettati per dotare i professionisti delle competenze e delle conoscenze più recenti, mantenendoli al passo con le ultime tendenze e innovazioni nel loro campo. Metti in risalto testimonianze di successo e casi studio di ex allievi che hanno notevolmente migliorato le loro prospettive di carriera grazie ai nostri corsi. Enfatizza che l'investimento in formazione continua è cruciale non solo per il successo individuale, ma anche per rimanere competitivi nel mercato globale. Assicurati che il testo sia motivante, ben articolato e grammaticalmente corretto, per trasmettere un messaggio che sia convincente e incentrato sull'azione."

 **Un prompt studiato per...** evidenziare l'importanza della formazione continua in un ambiente lavorativo che cambia rapidamente, proponendo i corsi offerti come necessari per rimanere competitivi nel mondo professionale.

Settore finanziario

"Elabora un testo pubblicitario incisivo per promuovere i nostri servizi di consulenza e gestione degli investimenti finanziari, ponendo l'accento sull'attuale panorama economico globale, caratterizzato da volatilità dei mercati, tassi di interesse incerti e un'ampia gamma di opportunità di investimento che possono sembrare soverchianti per gli investitori individuali. Usa un tono serio e persuasivo per sottolineare l'importanza di una strategia di investimento ben ponderata e su misura, che possa navigare attraverso le incertezze del mercato per massimizzare i rendimenti minimizzando i rischi. Enfatizza come la mancanza di una consulenza professionale adeguata possa portare a decisioni d'investimento mal informate, risultando in potenziali perdite significative o in opportunità mancate. Illustra come i nostri servizi di consulenza personalizzata, basati su analisi di mercato approfondite e strategie d'investimento innovative, siano progettati per allinearsi agli obiettivi finanziari specifici dei nostri clienti, siano essi la crescita del capitale a lungo termine, la generazione di reddito o la conservazione del patrimonio. Metti in luce testimonianze di clienti soddisfatti che hanno visto i loro portafogli prosperare grazie alla nostra esperta guida e supporto continuo. Invita il lettore a riflettere sull'importanza di agire ora per proteggere e far crescere i propri investimenti in questo contesto economico incerto, sottolineando che il nostro team offre non solo consulenza d'investimento, ma una partnership strategica per un futuro finanziario più sicuro e prospero. Assicurati che il testo sia motivante, ben strutturato e grammaticalmente impeccabile, per trasmettere un messaggio che sia informativo, convincente e incentrato sull'azione."

 **Un prompt studiato per...** sottolineare l'importanza della consulenza d'investimento in un mercato volatile, presentando i nostri servizi come soluzione per massimizzare i rendimenti minimizzando i rischi.

Moda fast fashion

"Crea un annuncio pubblicitario dinamico e accattivante per la nostra ultima collezione di moda fast fashion, sottolineando come questa offra una perfetta combinazione di stile, convenienza e accessibilità. Inizia mettendo in evidenza la rapidità con cui la moda fast fashion risponde ai cambiamenti delle tendenze, offrendo costantemente capi aggiornati e all'avanguardia che riflettono le ultime novità del mondo fashion. Enfatizza la convenienza della nostra linea, illustrando come offriamo trend e stili contemporanei a prezzi accessibili, permettendo ai consumatori di seguire la moda senza dover investire grosse somme di denaro. Confronta i nostri prodotti con quelli di alta moda, mostrando che, mentre la moda di lusso ha il suo valore, la nostra collezione permette una maggiore sperimentazione e rinnovamento del guardaroba senza compromessi finanziari. Sottolinea l'ampia varietà di scelte disponibili nel nostro assortimento, dai capi casual a quelli più eleganti, e come ogni articolo sia progettato per offrire un look fresco e trendy. Aggiungi testimonianze di clienti soddisfatti che hanno trasformato il loro stile con i nostri prodotti, enfatizzando la facilità con cui è possibile rimanere alla moda con il nostro brand. Concludi con un invito all'azione, incoraggiando i consumatori a visitare i nostri negozi o il sito web per scoprire le ultime novità e aggiornare il proprio guardaroba con stile, senza sforzi economici eccessivi. Assicurati che il testo sia vivace, convincente e ben scritto, riflettendo l'energia e l'accessibilità del marchio fast fashion."

 **Un prompt studiato per...** valorizzare l'attrattiva e la praticità della moda fast fashion, la scelta ideale per chi desidera rimanere al passo con le tendenze senza sacrificare il budget (sfruttando così la paura di spendere troppo).

Prodotti per la sicurezza dei bambini

"Crea un annuncio pubblicitario dettagliato ed efficace per la nostra gamma di prodotti per la sicurezza dei bambini, come blocca-cassetti e angolari protettivi. Inizia sottolineando i pericoli nascosti all'interno della casa che spesso vengono trascurati, come angoli taglienti, cassetti facilmente accessibili e piccoli oggetti che possono essere ingeriti. Usa un tono allarmante ma educativo per evidenziare come incidenti domestici comuni, che possono sembrare banali agli occhi di un adulto, rappresentino invece minacce serie per la sicurezza dei bambini piccoli. Illustra con esempi specifici come i nostri prodotti siano stati progettati per prevenire questi infortuni, proteggendo i bambini dai rischi comuni come urti, cadute e ingestione di oggetti pericolosi. Enfatizza l'importanza di adottare queste semplici misure preventive in ogni casa con bambini, mostrando come la sicurezza dei più piccoli debba essere una priorità assoluta. Includi testimonianze di genitori che hanno trovato nei nostri prodotti una soluzione efficace per rendere la loro casa un ambiente più sicuro per i loro bambini. Concludi con un invito all'azione, incoraggiando i genitori a prendere misure immediate per proteggere i loro figli da pericoli domestici comuni. Assicurati che il testo sia chiaro, convincente e grammaticalmente corretto, trasmettendo un messaggio che sia allo stesso tempo informativo e motivante."

 **Un prompt studiato per...** sensibilizzare il pubblico sugli incidenti domestici a danno dei più piccoli e promuovere i prodotti in oggetto per garantire un ambiente più sicuro.

Scuola di difesa personale

"Redigi un copy informativo e incisivo per la nostra scuola di difesa personale, ponendo l'accento sull'aumento della criminalità nelle aree urbane e l'importanza cruciale di sapersi difendere in situazioni potenzialmente pericolose. Usa un tono urgente e motivante per sottolineare come, in un mondo sempre più imprevedibile, l'autodifesa non sia solo una competenza desiderabile, ma una necessità vitale per la sicurezza personale e quella dei propri cari. Descrivi in dettaglio i vari corsi che offriamo, come l'autodifesa per donne, corsi di difesa personale per tutte le età e livelli di abilità, e programmi specifici per situazioni di pericolo comuni, come aggressioni in luoghi pubblici o difesa da tentativi di rapimento. Metti in evidenza come i nostri istruttori esperti insegnino non solo tecniche fisiche di autodifesa, ma anche tattiche per valutare e disinnescare situazioni potenzialmente pericolose, aumentando così la consapevolezza e la preparazione dei partecipanti. Includi testimonianze di ex allievi che hanno acquisito fiducia in sé stessi e abilità vitali per la difesa personale attraverso i nostri corsi. Concludi la brochure con un forte invito all'azione, incoraggiando i lettori a iscriversi ai nostri corsi per migliorare la propria sicurezza e quella dei propri cari, sottolineando che quello in autodifesa è un investimento sulla propria tranquillità e sul proprio benessere. Assicurati che la brochure sia ben strutturata, visivamente accattivante e redatta con chiarezza e precisione grammaticale."

 **Un prompt studiato per...** evidenziare l'importanza dell'autodifesa in un contesto di crescente incertezza, nonché per promuovere i corsi della scuola come strumenti indispensabili per accrescere la sicurezza personale.

Seggiolini per bambini

"Sviluppa un annuncio pubblicitario convincente e commovente per il nostro seggiolino auto per bambini, mettendo in primo piano i rischi di sicurezza stradale e l'assoluta necessità di garantire una protezione adeguata per i più piccoli. Usa un tono serio e preoccupante per sensibilizzare i genitori sui pericoli potenziali legati alla guida, come incidenti stradali improvvisi o frenate brusche, e su come questi rischi possano mettere in pericolo la vita dei bambini. Descrivi dettagliatamente le caratteristiche di sicurezza del nostro seggiolino, come materiali di assorbimento degli urti, cinture di sicurezza regolabili e design ergonomico, che insieme forniscono una protezione ottimale in caso di collisioni o movimenti bruschi del veicolo. Sottolinea come il nostro seggiolino sia stato rigorosamente testato e superi tutti gli standard di sicurezza, offrendo ai genitori la tranquillità di sapere che i loro figli viaggiano in sicurezza. Includi storie reali o testimonianze di genitori che hanno sperimentato la differenza che un seggiolino di alta qualità può fare in situazioni di emergenza. Concludi con un forte invito all'azione, esortando i genitori a scegliere il meglio per la sicurezza dei loro bambini, sottolineando che la scelta di un seggiolino auto adeguato può fare la differenza tra un viaggio sicuro e una tragedia evitabile. Assicurati che il testo sia chiaro, emotivamente coinvolgente e grammaticalmente impeccabile, per trasmettere un messaggio che sia informativo e che spinga all'azione."

 **Un prompt studiato per...** porre l'accento sulla sicurezza dei bambini in auto e far capire come un buon seggiolino possa fare la differenza per la protezione dei più piccoli.

Servizi ambientali

"Crea un annuncio pubblicitario potente e provocatorio per il nostro servizio di consulenza ambientale, focalizzandoti sugli effetti devastanti dell'inquinamento e dei cambiamenti climatici sul nostro pianeta. Usa un tono allarmante e urgente per illustrare le gravi conseguenze che l'ignorare le questioni ambientali può avere su scala globale, come l'innalzamento del livello del mare, l'estinzione di specie animali, il degrado degli ecosistemi e l'aumento degli eventi meteorologici estremi. Enfatizza l'importanza di azioni immediate e mirate per contrastare questi problemi, mostrando come il nostro servizio di consulenza possa aiutare sia individui sia aziende a comprendere e ridurre il loro impatto ambientale. Descrivi i vari servizi offerti, come valutazioni dell'impronta di carbonio, strategie per l'efficienza energetica, piani per la riduzione dei rifiuti e l'integrazione di pratiche sostenibili nelle operazioni quotidiane. Sottolinea come il nostro approccio personalizzato non solo contribuisca a salvaguardare l'ambiente, ma possa anche portare a risparmi economici e a una migliore reputazione aziendale. Includi esempi di successo e testimonianze di clienti che hanno significativamente migliorato la loro sostenibilità grazie alla nostra consulenza. Concludi con un appello a prendere sul serio la responsabilità ambientale e a collaborare con noi per creare un futuro più verde e sostenibile. Assicurati che il testo sia coinvolgente, informativo e grammaticalmente corretto, per trasmettere un messaggio sia allarmante che speranzoso."

 **Un prompt studiato per...** educare il target sui problemi ambientali e promuovere il servizio di consulenza per contribuire a mitigare l'impatto ambientale.

Settore alimentare

"Sviluppa un annuncio pubblicitario incisivo e accattivante per il nostro prodotto alimentare biologico, mettendo in evidenza i rischi associati al consumo di alimenti trattati con pesticidi e conservanti chimici. Inizia con un'introduzione provocatoria che evidenzi come l'esposizione regolare a sostanze chimiche presenti negli alimenti non biologici possa avere effetti negativi sulla salute a lungo termine, inclusi potenziali rischi di disturbi endocrini, problemi immunitari e aumentato rischio di certe malattie. Usa un tono chiaro e diretto per confrontare gli alimenti convenzionali con i nostri prodotti biologici, enfatizzando come la nostra gamma sia priva di sostanze nocive e sia coltivata seguendo metodi sostenibili che rispettano sia la salute umana sia l'ambiente. Sottolinea i benefici per la salute del consumare cibi biologici, come una maggiore presenza di nutrienti, l'assenza di residui tossici e un sapore più naturale. Mostra il nostro impegno nell'offrire prodotti che siano non solo sicuri e salutari, ma anche deliziosi e di alta qualità. Includi testimonianze di clienti che hanno sperimentato miglioramenti sulla loro salute e sul loro benessere generale dopo essere passati a una dieta biologica. Concludi con un invito a fare una scelta consapevole per la propria salute e per l'ambiente, scegliendo i nostri prodotti biologici. Assicurati che il testo sia persuasivo, informativo e grammaticalmente impeccabile, per trasmettere efficacemente il valore e i benefici dei nostri prodotti alimentari biologici."

 **Un prompt studiato per...** focalizzarsi sui pericoli dei prodotti alimentari convenzionali e promuovere il cibo biologico come una scelta sicura e salutare per i consumatori.

Sistemi di sicurezza domestica

"Crea un annuncio pubblicitario incisivo e impellente per il nostro sistema di sicurezza domestica, focalizzandoti sulla crescente incidenza di furti in casa e sull'importanza cruciale di proteggere efficacemente sia la famiglia sia i beni personali. Utilizza un tono urgente e allarmante per enfatizzare la realtà dei rischi di sicurezza domestica, illustrando scenari in cui la mancanza di un sistema di sicurezza adeguato può esporre le famiglie a gravi pericoli, come intrusioni, furti e altre minacce alla sicurezza personale. Descrivi in dettaglio le caratteristiche del nostro sistema, come la sorveglianza video avanzata, i sensori di movimento, gli allarmi di sicurezza e l'integrazione con dispositivi intelligenti che offrono controllo e monitoraggio in tempo reale, anche a distanza. Sottolinea come l'installazione di un sistema di sicurezza moderno e affidabile possa agire da deterrente contro potenziali intrusi e fornire una risposta immediata in caso di emergenza. Includi testimonianze di clienti che hanno sperimentato un significativo miglioramento nel loro senso di sicurezza e tranquillità dopo aver installato il nostro sistema. Concludi con un appello urgente a non sottovalutare la sicurezza domestica e ad agire ora per proteggere ciò che è più prezioso, offrendo soluzioni su misura per rispondere a diverse esigenze di sicurezza. Assicurati che il testo sia chiaro, convincente e grammaticalmente corretto, per trasmettere efficacemente il messaggio di necessità e urgenza di un sistema di sicurezza domestica avanzato."

 **Un prompt studiato per...** informare i consumatori sui rischi legati alla sicurezza domestica e promuovere questi sistemi come il rimedio perfetto per proteggere la famiglia e la casa.

Software di backup e recupero dati

"Redigi un annuncio pubblicitario dettagliato e persuasivo per il nostro software di backup e recupero dati, mettendo in risalto il rischio sempre presente di perdita di dati critici a causa di guasti hardware, attacchi di virus, o semplici errori umani. Utilizza un tono preoccupato e serio per sottolineare la gravità della perdita di documenti importanti, foto personali e altre informazioni vitali, e come questi eventi possano avere un impatto devastante sia a livello personale che professionale. Descrivi scenari realistici in cui la mancanza di un backup affidabile può comportare perdite irreparabili, come tesi di laurea perse, progetti aziendali importanti andati, o ricordi familiari insostituibili cancellati. Evidenzia le caratteristiche chiave del nostro software, quali la facilità di utilizzo, le opzioni di backup automatico, la sicurezza dei dati crittografati e la capacità di recuperare rapidamente i dati in caso di necessità. Sottolinea come il nostro prodotto non sia solo uno strumento per prevenire la perdita di dati, ma un investimento essenziale per garantire la tranquillità e la sicurezza delle informazioni importanti. Includi testimonianze di clienti che hanno recuperato con successo i loro dati grazie al nostro software, enfatizzando l'efficacia e l'affidabilità del prodotto. Concludi con un invito all'azione, incoraggiando i lettori a proteggere i loro dati preziosi prima che sia troppo tardi. Assicurati che il testo sia chiaro, coinvolgente e grammaticalmente corretto, per trasmettere efficacemente l'importanza critica di un solido sistema di backup e recupero dati."

 **Un prompt studiato per...** trasmettere il valore della protezione dei dati e far capire quanto il software sia utile per non perdere informazioni di vitale importanza.

Studio legale in ambito GDPR

"Sviluppa un annuncio pubblicitario incisivo e informativo per il nostro studio legale specializzato in consulenze GDPR, evidenziando i rischi legali e finanziari significativi per le aziende che non aderiscono alla normativa sulla protezione dei dati personali. Inizia con un tono serio e urgente, sottolineando le gravi conseguenze che le aziende possono affrontare in caso di non conformità al GDPR, come pesanti multe che possono raggiungere cifre esorbitanti, danni irreparabili alla reputazione aziendale e la perdita di fiducia da parte dei clienti. Illustra scenari concreti in cui la mancanza di aderenza alle normative GDPR ha portato a conseguenze legali e finanziarie per le aziende, enfatizzando l'importanza di un approccio proattivo alla conformità. Descrivi i servizi offerti dal nostro studio, come l'analisi dettagliata delle pratiche attuali di gestione dei dati, l'identificazione di aree di rischio, la fornitura di soluzioni su misura per assicurare la conformità e la formazione del personale sulle migliori pratiche in materia di protezione dati. Sottolinea la nostra esperienza e competenza nel campo del GDPR, mostrando come possiamo aiutare le aziende a navigare nel complesso panorama delle normative sulla privacy dei dati, minimizzando i rischi legali e proteggendo gli interessi finanziari. Concludi con un invito all'azione, esortando le aziende a contattare il nostro studio per una consulenza e per garantire la loro piena conformità al GDPR. Assicurati che il testo sia chiaro, convincente e grammaticalmente corretto, per trasmettere efficacemente l'importanza critica e il valore dei nostri servizi legali specializzati in GDPR."

 **Un prompt studiato per...** evidenziare i pericoli della non conformità al GDPR e presentare lo studio legale come una risorsa fondamentale perché le aziende possano aderire a queste importanti normative sulla protezione dei dati.

Tecnologie per l'energia rinnovabile

"Sviluppa un annuncio pubblicitario intenso e impattante per promuovere le nostre tecnologie di energia rinnovabile, come pannelli solari e turbine eoliche. Inizia con una descrizione potente delle gravi conseguenze del cambiamento climatico e dell'inquinamento causati dall'uso di fonti energetiche non rinnovabili, come eventi meteorologici estremi, l'aumento del livello del mare e gravi impatti sulla salute pubblica. Utilizza un tono allarmante per sottolineare la crisi ambientale imminente e la necessità urgente di un cambiamento verso fonti di energia sostenibili. Descrivi come le nostre soluzioni di energia rinnovabile, quali pannelli solari e turbine eoliche, offrono un'alternativa ecologica, riducendo la dipendenza dai combustibili fossili e contribuendo alla lotta contro il riscaldamento globale. Evidenzia i benefici a lungo termine dell'investimento in energia rinnovabile, non solo in termini di impatto ambientale ma anche di risparmio economico, grazie alla riduzione dei costi energetici nel tempo. Metti in risalto la facilità di installazione e l'efficienza delle nostre tecnologie, assicurando agli spettatori che passare alle energie rinnovabili è un processo semplice e accessibile. Includi testimonianze di clienti soddisfatti che hanno già fatto la transizione, mostrando come il loro impegno per l'ambiente abbia anche portato vantaggi personali tangibili. Concludi con un appello diretto all'azione, incoraggiando i telespettatori a contattarci per saperne di più e unirsi alla rivoluzione delle energie rinnovabili per proteggere il nostro pianeta per le generazioni future. Assicurati che il testo sia emotivamente coinvolgente, convincente e grammaticalmente corretto, per trasmettere un messaggio urgente e potente sull'importanza dell'energia rinnovabile per un futuro sostenibile."

 **Un prompt studiato per...** sfruttare il marketing della paura a sostegno della tutela ambientale, mostrando come le tecnologie per l'energia rinnovabile offrano soluzioni efficaci e sostenibili.

Pulizia e sanificazione professionale

"Redigi un annuncio pubblicitario incisivo e urgente per i nostri servizi di pulizia e sanificazione professionale, sottolineando l'importanza critica di ambienti puliti e igienizzati, specialmente in contesti come uffici e spazi pubblici. Inizia con una descrizione vivida dei rischi per la salute pubblica legati a spazi non adeguatamente puliti e igienizzati, come la diffusione di virus e batteri, inclusi agenti patogeni potenzialmente letali. Utilizza un tono serio e preoccupante per enfatizzare il pericolo invisibile di germi e inquinanti che possono accumularsi in ambienti frequentati da molte persone. Illustra come la mancanza di pulizia e sanificazione efficaci possa non solo mettere a rischio la salute, ma anche influenzare la produttività e il benessere generale dei dipendenti e dei visitatori. Descrivi nel dettaglio i metodi avanzati e le tecnologie all'avanguardia utilizzati dal nostro team di professionisti per garantire una pulizia profonda e una sanificazione completa, che vanno oltre la semplice pulizia superficiale. Metti in luce come i nostri servizi siano personalizzabili in base alle esigenze specifiche di ogni ambiente, garantendo risultati ottimali e un alto livello di sicurezza igienica. Includi testimonianze di clienti che hanno sperimentato un miglioramento tangibile in termini di pulizia e igiene dopo aver utilizzato i nostri servizi, sottolineando l'efficacia e l'affidabilità della nostra offerta. Concludi con un forte invito all'azione, spronando i proprietari di uffici e gestori di spazi pubblici a prendere sul serio la pulizia e la sanificazione per proteggere sé stessi, i loro dipendenti e i loro clienti. Assicurati che il testo sia convincente, diretto e grammaticalmente corretto, per trasmettere un messaggio chiaro e potente sull'importanza vitale dei servizi di pulizia e sanificazione professionale per la salute pubblica."

 **Un prompt studiato per...** informare il target riguardo ai rischi per la salute associati a spazi non correttamente puliti e igienizzati, mettendo in risalto l'importanza dei servizi di pulizia e sanificazione professionale.

Assistenza anziani a domicilio

"Redigi un annuncio pubblicitario empatico e rassicurante per i nostri servizi di assistenza anziani a domicilio, mettendo in luce l'importanza vitale di un supporto adeguato e personalizzato per gli anziani nella comodità della loro casa. Inizia con un'introduzione che evidenzi le sfide quotidiane che gli anziani possono incontrare, come difficoltà nella mobilità, nella gestione delle attività quotidiane o nel mantenimento della salute. Utilizza un tono comprensivo e rassicurante per sottolineare come il nostro servizio offra una soluzione compassionevole e professionale a queste sfide, permettendo agli anziani di mantenere la loro indipendenza e dignità. Descrivi i diversi aspetti dei nostri servizi, che includono assistenza personale, supporto nella gestione dei medicinali, compagnia, assistenza nelle faccende domestiche e preparazione dei pasti, tutti personalizzati in base alle esigenze individuali. Enfatizza l'importanza di un ambiente familiare per il benessere emotivo e psicologico degli anziani, mostrando come i nostri servizi permettano loro di rimanere nella sicurezza e nel comfort della propria casa. Includi testimonianze di clienti e delle loro famiglie che hanno sperimentato un miglioramento significativo nella qualità della vita grazie al nostro supporto. Sottolinea la preparazione e l'empatia del nostro personale, garantendo che ogni anziano viene trattato con rispetto, cura e professionalità. Concludi con un invito all'azione, incoraggiando i familiari a contattarci per discutere un piano di assistenza personalizzato, enfatizzando il nostro impegno a migliorare la vita degli anziani. Assicurati che il testo sia caldo, informativo e grammaticalmente corretto, per trasmettere fiducia e sicurezza nei nostri servizi di assistenza domiciliare per anziani."

 **Un prompt studiato per...** accentuare i benefici dell'offerta di soluzioni personalizzate, che migliorano la qualità della vita degli anziani e forniscono sostegno alle famiglie.

Tecnologie per l'efficienza energetica

"Crea un annuncio pubblicitario informativo e persuasivo per le nostre tecnologie per l'efficienza energetica in casa, come termostati intelligenti e soluzioni di isolamento termico. Inizia con una panoramica dei crescenti costi energetici e dell'impatto ambientale dell'uso eccessivo di energia nelle abitazioni, usando un tono consapevole e responsabile. Sottolinea come le nostre soluzioni tecnologiche non solo riducano i costi energetici per i proprietari di casa, ma contribuiscano anche alla lotta contro il cambiamento climatico attraverso una minore emissione di carbonio. Descrivi le caratteristiche e i benefici dei termostati intelligenti, come la capacità di adattare automaticamente la temperatura in base alle abitudini degli abitanti, riducendo lo spreco energetico e ottimizzando il comfort. Evidenzia poi l'importanza dell'isolamento termico, mostrando come un investimento in materiali isolanti di qualità possa significare risparmi notevoli nel lungo termine e un ambiente domestico più confortevole. Includi testimonianze di clienti soddisfatti che hanno notato una riduzione significativa delle loro bollette energetiche e un miglioramento del comfort abitativo dopo aver installato le nostre tecnologie. Sottolinea la semplicità di installazione e l'integrazione delle nostre soluzioni con sistemi esistenti. Concludi con un invito all'azione, incoraggiando i potenziali clienti a contattarci per un'analisi energetica gratuita della loro casa e per scoprire come le nostre tecnologie possono migliorare l'efficienza energetica della loro abitazione. Assicurati che il testo sia chiaro, coinvolgente e grammaticalmente corretto, per trasmettere efficacemente i benefici sia economici sia ambientali delle tecnologie per l'efficienza energetica."

 **Un prompt studiato per...** enunciare i vantaggi dei sistemi per l'efficienza energetica domestica, puntando sul loro impatto positivo in termini sia di risparmio economico sia di sostenibilità ambientale.

Soluzioni per la mobilità urbana

"Sviluppa un annuncio pubblicitario vivace e motivante per promuovere le nostre soluzioni di mobilità urbana ecocompatibile, come biciclette elettriche, monopattini elettrici e servizi di car sharing. Inizia con una descrizione accattivante delle sfide della mobilità urbana moderna, come il traffico congestionato, l'inquinamento e la mancanza di parcheggi. Usa un tono ottimista e propositivo per introdurre le nostre soluzioni ecocompatibili come alternative pratiche e sostenibili. Enfatizza i benefici delle biciclette elettriche e dei monopattini elettrici, come la loro capacità di navigare facilmente nel traffico cittadino, la loro efficienza energetica e il contributo alla riduzione dell'impronta di carbonio. Metti in luce i vantaggi del car sharing, sottolineando come possa ridurre il numero di veicoli sulle strade e diminuire l'emissione complessiva di gas serra. Illustra come queste soluzioni non solo migliorino la qualità dell'aria, ma offrano anche un'esperienza di viaggio più piacevole e conveniente. Includi testimonianze di utenti che hanno trasformato il loro modo di spostarsi in città grazie ai nostri prodotti e servizi, condividendo storie di un pendolarismo più rilassato, efficiente e verde. Sottolinea la facilità di accesso e di utilizzo delle nostre soluzioni di mobilità urbana, mostrando come possano essere integrate facilmente nella routine quotidiana. Concludi con un invito all'azione per i telespettatori a unirsi al movimento per una mobilità più sostenibile, invitandoli a visitare il nostro sito web o i nostri punti vendita per saperne di più e per provare i nostri prodotti. Assicurati che il testo sia coinvolgente, informativo e grammaticalmente impeccabile, per trasmettere un messaggio chiaro sul valore e sui benefici delle soluzioni di mobilità urbana ecocompatibili."

 **Un prompt studiato per...** promuovere attivamente l'adozione di soluzioni di mobilità urbana ecocompatibili, sottolineando i loro benefici sia per l'ambiente sia per la qualità della vita in città.

Assicurazione viaggi

"Sviluppa un annuncio pubblicitario profondamente coinvolgente per il nostro servizio di assicurazione viaggi, concentrando l'attenzione sulle molteplici crisi ed emergenze che possono sorgere durante un viaggio. Inizia delineando scenari realistici e specifici, come infortuni improvvisi, gravi malattie, incidenti, ritardi e cancellazioni dei voli, smarrimento di bagagli, o anche complicazioni legali in Paesi stranieri. Usa un tono serio, autorevole e convincente per trasmettere l'importanza di essere preparati per ogni eventualità. Metti in luce come la nostra assicurazione viaggi fornisca una copertura completa, che va dal rimborso delle spese mediche d'emergenza e dei costi associati a ritardi o cancellazioni di viaggio fino all'assistenza legale e al supporto in caso di smarrimento di documenti o bagagli. Sottolinea l'imprevedibilità del viaggiare e come la nostra assicurazione possa fungere da rete di sicurezza indispensabile, garantendo tranquillità e sicurezza ai viaggiatori, permettendo loro di godersi il viaggio con serenità. Assicurati che il testo sia ben strutturato, con una grammatica impeccabile e una sintassi efficace, per comunicare chiaramente il valore e la necessità della nostra assicurazione viaggi."

 **Un prompt studiato per...** illustrare in maniera vivida i potenziali rischi associati ai viaggi e dimostrare come l'assicurazione fornisca una solida protezione contro queste incertezze.

Polizze vita

"Elabora un annuncio pubblicitario emotivamente coinvolgente per le nostre polizze vita, focalizzandoti sulla natura incerta e imprevedibile del futuro e sull'importanza cruciale di proteggere finanziariamente la propria famiglia. Inizia illustrando scenari reali in cui eventi inaspettati possono cambiare drasticamente la vita delle persone, lasciando le famiglie vulnerabili a difficoltà finanziarie. Usa un tono serio e preoccupante per evidenziare che, in assenza di una protezione adeguata, i propri cari potrebbero trovarsi di fronte a sfide economiche enormi in caso di eventi tragici come una malattia grave o la perdita di un familiare. Sottolinea come le nostre polizze vita offrano una soluzione sicura e affidabile per questo problema, garantendo che, in caso di eventi imprevisti, i bisogni finanziari della famiglia saranno coperti. Enfatizza la flessibilità e la personalizzazione delle nostre polizze, che permettono ai clienti di scegliere la copertura che meglio si adatta alle loro esigenze specifiche e al loro budget. Includi testimonianze di clienti che hanno trovato pace e sicurezza sapendo che la loro famiglia è protetta. Concludi con un forte invito all'azione, spingendo i lettori a considerare la sicurezza a lungo termine della loro famiglia e a prendere provvedimenti ora, prima che sia troppo tardi. Assicurati che il testo sia chiaro, persuasivo e grammaticalmente impeccabile, per trasmettere efficacemente l'importanza e il valore delle polizze vita offerte dalla nostra compagnia."

 **Un prompt studiato per...** accentuare l'utilità di pianificare il futuro e proteggere i propri cari con le polizze vita, presentando il prodotto come un *must-have* per la sicurezza finanziaria della famiglia.

Assicurazione contro le catastrofi naturali

"Sviluppa un annuncio pubblicitario che enfatizzi la realtà imprevedibile e spesso devastante delle catastrofi naturali come terremoti, inondazioni e uragani. Inizia descrivendo scenari specifici, come case distrutte, famiglie evacuate e comunità intere sconvolte. Usa un tono emotivamente carico per evidenziare il trauma e la perdita che queste calamità possono infliggere. Illustra in dettaglio come la nostra polizza di assicurazione contro le catastrofi naturali offra una copertura completa che va dai danni strutturali alla perdita di beni personali. Sottolinea l'importanza di una protezione proattiva e come questa possa essere l'unica difesa in situazioni che altrimenti potrebbero lasciare famiglie e individui in difficoltà finanziarie insuperabili. Concludi con un invito all'azione urgente, sollecitando i telespettatori a non aspettare un disastro per proteggersi."

 **Un prompt studiato per...** aumentare la consapevolezza sull'impatto delle catastrofi naturali, enfatizzando l'importanza di una copertura assicurativa per proteggersi da potenziali disastri.

Assicurazione per la responsabilità civile professionale

"Crea un annuncio che esplori i pericoli insiti nelle professioni moderne, con esempi concreti di come errori apparentemente di poco conto possano portare a cause legali dispendiose. Usa un tono serio per descrivere casi in cui professionisti hanno dovuto affrontare azioni legali per errori involontari o interpretazioni sbagliate. Enfatizza come la nostra polizza di responsabilità civile professionale fornisca una rete di sicurezza, coprendo costi legali e risarcimenti danni. Mostra come l'assicurazione sia essenziale per la tranquillità mentale e la stabilità finanziaria, consentendo ai professionisti di concentrarsi sul loro lavoro senza la paura costante di conseguenze legali. Invita i professionisti a contattarci per una consulenza personalizzata, sottolineando che una protezione adeguata è un investimento indispensabile per la loro carriera."

 **Un prompt studiato per...** rendere i professionisti consapevoli dei rischi legali che corrono, mostrando la necessità di una polizza di responsabilità civile professionale come protezione essenziale.

Polizze per la protezione del patrimonio familiare

"Sviluppa un annuncio che metta in luce la vulnerabilità del patrimonio familiare a rischi come furti o danni accidentali. Utilizza un tono empatico per descrivere situazioni realistiche in cui famiglie hanno perso beni preziosi o hanno subito danni significativi alla proprietà. Enfatizza come una polizza di assicurazione possa proteggere non solo le proprietà fisiche ma anche il valore emotivo associato a esse. Dettaglia le diverse coperture offerte dalla polizza, da beni materiali a gioielli e opere d'arte. Concludi sottolineando che la nostra assicurazione per il patrimonio familiare è più di una semplice polizza: è un impegno a salvaguardare ciò che è prezioso per le famiglie."

 **Un prompt studiato per...** mettere sotto la lente d'ingrandimento la protezione del patrimonio familiare, evidenziando come una polizza di assicurazione possa salvaguardare i beni più preziosi e il loro valore emotivo.

Assicurazione per attività estreme o sportive

"Elabora un annuncio che catturi l'eccitazione degli sport estremi, contrapponendola ai rischi reali che comportano. Descrivi attività come arrampicata, skydiving o immersioni, mostrando come l'adrenalina possa rapidamente trasformarsi in pericolo. Usa un tono avventuroso ma cauto per sottolineare l'importanza di una copertura assicurativa specifica che possa coprire infortuni o emergenze. Evidenzia come la nostra assicurazione permetta agli appassionati di sport estremi di vivere le loro avventure con serenità, sapendo di essere protetti. Invita gli spettatori a considerare la nostra polizza come una compagna essenziale nelle loro avventure, fornendo sicurezza in mezzo all'azione."

 **Un prompt studiato per...** catturare l'entusiasmo e l'adrenalina degli sport estremi, enfatizzando sia l'eccitazione sia i relativi rischi.

Assicurazione per affitti temporanei o case vacanza

"Crea un annuncio che illustri i rischi associati all'affitto di proprietà su piattaforme online. Usa un tono informativo per descrivere situazioni comuni come danni alla proprietà causati da inquilini o questioni legali derivanti da incidenti durante il soggiorno. Metti in risalto come la nostra assicurazione offra una copertura completa per danni materiali, perdite di reddito in caso di inagibilità temporanea e protezione da responsabilità civili. Descrivi nel dettaglio i benefici specifici, come il rimborso rapido e l'assistenza legale, che possono salvaguardare il proprietario da stress finanziario e giuridico. Enfatizza la semplicità del processo di sottoscrizione e la flessibilità della polizza, adattabile per soddisfare le esigenze di varie tipologie di proprietà e durate di affitto. Concludi con un forte invito all'azione, incoraggiando i proprietari a proteggere il loro investimento e la loro tranquillità mentale con la nostra assicurazione specifica per affitti temporanei e case vacanza. Sottolinea che, con la giusta protezione, possono affittare le loro proprietà con fiducia e sicurezza."

 **Un prompt studiato per…** evidenziare i rischi associati all'affitto di proprietà su piattaforme di condivisione, facendo leva sulla necessità di protezione.

Per consentirvi una migliore consultazione, riporto di seguito in ordine alfabetico gli ambiti lavorativi trattati nei prompt elencati.

Antivirus per PC
Assicurazione contro le catastrofi naturali
Assicurazione per affitti temporanei o case vacanza
Assicurazione per attività estreme o sportive
Assicurazione per la responsabilità civile professionale
Assicurazione viaggi
Assistenza anziani a domicilio
Assistenza legale
Centro di dimagrimento
Formazione e aggiornamento professionale
Moda fast fashion
Polizze per la protezione del patrimonio familiare
Polizze vita
Prodotti per la sicurezza dei bambini
Pulizia e sanificazione professionale
Scuola di difesa personale
Seggiolini per bambini
Servizi ambientali
Settore alimentare
Settore finanziario
Sistemi di sicurezza domestica
Software di backup e recupero dati
Soluzioni per la mobilità urbana
Studio legale in ambito GDPR
Tecnologie per l'efficienza energetica
Tecnologie per l'energia rinnovabile

Nota importante: per ottenere risultati originali e generare output più interessanti e coinvolgenti, oltre a utilizzare questi prompt dovrete cercare di personalizzarli. Come? Fornendo maggiori informazioni relative al prodotto o servizio che vendete, inserendo testimonianze reali dei clienti e adattando il più possibile gli input al vostro business.

Fare leva su paure legate a pericoli e minacce reali rientra nel marketing efficace, quello più sano, che ha lo scopo di motivare le persone ad acquistare, donare o mobilitarsi per la propria sicurezza.

Consigli finali

La tecnica della paura funziona se riuscite a far percepire il vostro prodotto come una valida soluzione al problema che scatena timore, ansia e stress nel prospect. Le preoccupazioni comuni, anche se meno spaventose di altre, hanno un maggiore impatto.

La paura spinge all'azione, ma è importante non esagerare, altrimenti si rischia di ottenere l'effetto contrario: la paralisi del terrore. Soprattutto se l'esagerazione non è supportata da fatti inconfutabili.

Proporre un messaggio troppo negativo e gonfiare i timori non conviene. Bisogna alternare momenti di tensione a momenti rilassanti, e saperli bilanciare. Se si ingigantisce la suspense, si rischia di far scappare i potenziali clienti. Al contrario, troppo rilassamento può rendere il vostro brand poco credibile.

Un prodotto come l'Apple Watch, ad esempio, è stato trasformato da un semplice smartwatch a un dispositivo salvavita grazie al marketing della paura. Attraverso l'utilizzo dello *shockvertising*, la campagna di Apple ha cercato di provocare, impressionare, allarmare e attirare l'attenzione del pubblico presentando immagini particolarmente toccanti.

Uno degli spot più impattanti mostra un escursionista che, dopo essersi infortunato in una montagna remota, usa il suo Apple Watch per chiamare i soccorsi. Le immagini drammatiche catturano l'attenzione del pubblico: l'uomo, sofferente e incapace di muoversi, riesce a comunicare la sua posizione e a richiedere aiuto grazie all'orologio che ha al polso. La narrazione sottolinea come, in una situazione di emergenza, quel piccolo strumento possa fare la differenza tra la vita e la morte.

Una rappresentazione potente, che non solo evidenzia la funzionalità di emergenza dell'orologio, ma crea anche un forte impatto emotivo. Si sfrutta l'istinto di autoconservazione, spingendo i consumatori a vedere il prodotto come un investimento per la sicurezza personale.

Lo shockvertising, di cui abbiamo appena visto un esempio, è una tecnica di comunicazione che usa immagini, slogan o concetti provocatori e impressionanti per attirare l'attenzione del pubblico e suscitare forti emozioni. L'obiettivo principale è quello di generare un impatto che renda il messaggio difficile da dimenticare e, quindi, efficace nel promuovere una causa o un marchio.

È una tecnica sfruttata spesso da organizzazioni non profit, campagne sociali e aziende che vogliono sensibilizzare il pubblico su tematiche importanti, come la lotta alla violenza domestica e all'abuso di sostanze, oppure la salvaguardia dell'ambiente e la sicurezza stradale. Ma questi non sono i soli ambiti interessati: può anche trovare impiego per vendere prodotti o servizi, soprattutto da parte di quelle aziende che, con la loro brand identity, sono intenzionate a veicolare un'immagine ribelle e provocatoria. È una modalità molto funzionale a catturare l'attenzione, ma devo aggiungere che è spesso oggetto di critiche per la tendenza a diventare offensiva, manipolativa o troppo negativa. Se decidiamo di farne uso, quindi, dobbiamo applicare i principi di integrità morale che abbiamo enunciato nel corso del libro.

Un marketing etico è finalizzato a risolvere i problemi e aumentare le vendite in modo onesto e trasparente, senza inganni o truffe. Deve focalizzarsi sul benessere dei consumatori, con soluzioni che migliorino davvero la loro vita. Lo scopo da perseguire è ispirare fiducia, creare valore e celebrare l'etica.

Le campagne di marketing più efficaci, quelle che si nutrono della paura, ci guidano ad abbracciare la prospettiva del pubblico prima ancora di promuovere un prodotto o un servizio.

Ci insegnano a metterci nei panni del cliente, a comprenderlo profondamente fino a diventare noi stessi il target. Prima le persone, poi il prodotto.

Il nostro scopo deve essere arricchire la vita dei consumatori, risolvere i problemi, lasciare un segno indelebile. Si tratta di penetrare nella mente e nell'emotività del potenziale cliente, in un intreccio incessante di esperienze e relazioni. Tutto ciò che segue, inclusa l'espansione delle vendite, arriverà come una conseguenza naturale.

Nel cuore di ogni grande iniziativa di marketing c'è una profonda comprensione dell'umanità, una passione per le sfide, i sogni e le speranze che ci accomunano. Il vero potere non risiede nell'abilità di vendere, ma nella capacità di connettere. E così, alla fine, scopriamo che non stiamo vendendo un prodotto o un servizio; stiamo offrendo un valore che trascende gli obiettivi commerciali, un valore che tocca la vita delle persone, un valore che continua a risuonare molto tempo dopo che l'ultima pagina è stata voltata.

"
Nel cuore di ogni grande iniziativa di marketing c'è una profonda comprensione dell'umanità, una passione per le sfide, i sogni e le speranze che ci accomunano.

Ringraziamenti

Un ringraziamento speciale va a mia moglie Caterina. Il suo sostegno è stato sempre da stimolo a fare meglio anche nei momenti difficili. La sua pazienza e il suo incoraggiamento hanno giocato un ruolo fondamentale nel permettermi di perseguire questa impresa.

Ai miei figli Lara e Daniel, che con il loro dinamismo e il loro spirito curioso hanno costantemente stimolato il mio desiderio di migliorare e crescere, sia dal punto di vista professionale che personale.

Biografie

Emilio Bonura

Con un'esperienza di vent'anni nel settore delle vendite e quattordici anni nel ruolo di social media manager, Emilio Bonura si è affermato come un professionista versatile e competente nel social media marketing.

Da oltre un decennio, Emilio si adatta alle continue evoluzioni del panorama dei social, fornendo consulenza per la creazione di una presenza online incisiva e per lo sviluppo di strategie digitali di successo.

Questo percorso combinato, che spazia dall'ambito delle vendite alle sfide del digitale, gli permette oggi di offrire un approccio unico e completo nel dinamico mondo dei social media.

Gian Luca Marino

Giornalista e scrittore; studioso di tematiche legate al mistero, ai viaggi per itinerari insoliti, all'antropologia e alla fotografia. Da più di dieci anni lavora nell'ambito del giornalismo e della comunicazione, collaborando con testate cartacee e online, siti web e blog, case editrici, redazioni televisive, aziende, enti pubblici e privati.

Facebook @marinomistero
Instagram @gianlucamarinomistero
Tiktok @marinomistero17

Alberto Vercellotti

Autore di *Business in Utile*, Alberto Vercellotti è specializzato nelle strategie di marketing per imprenditori. Guida i clienti, attraverso percorsi personalizzati, nella stesura del loro piano di business.

MARKETING DELLA PAURA

✓ USARLO IN MODO ETICO

motivare non spaventare

nessuna pressione

soluzioni concrete, problemi reali

COME FARE?

Trasparenza

Rispetto

Dovere sociale

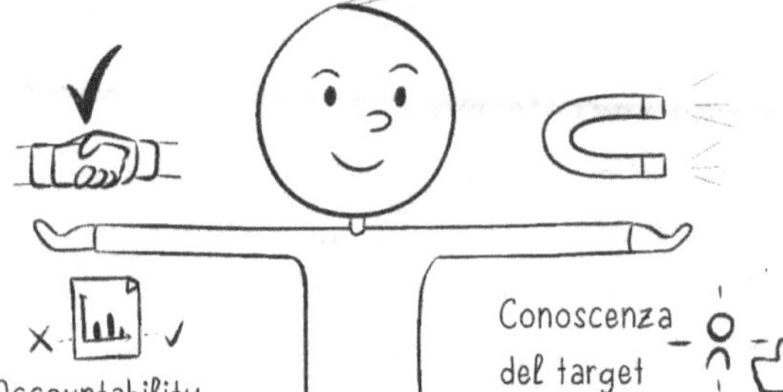

Accountability

Conoscenza del target

PERCHÉ USARLO?

"Le persone comprano emozioni prima del servizio"

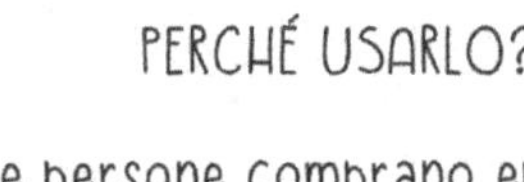

PAURA

ACQUISTO SOLUZIONE

Senso di urgenza

Impulsivo

PROBLEMA → SOLUZIONE
reale
semplice
NEUROMARKETING
"Parte tutto dal cervello, conoscerlo serve!"
?!
Reciprocità
Autorità
6 LEVE + 1
Riprova sociale
Scarsità
Simpatia
Coerenza
Unità
OBIETTIVO: motivare per
Mobilitarsi per la sicurezza
Acquistare
Donare
"Rendi il tuo prodotto la soluzione perfetta"
USARE LE LEVE EMOTIVE
Fiducia
Valore
Community
Esclusività
Curiosità
Gratificazione
Aspirazione
Paura